全国交通运输职业教育高职汽车运用与维修技术专业规划教材

Jidong Cheliang Baoxian yu Lipei
机动车辆保险与理赔

全国交通运输职业教育教学指导委员会	**组织编写**
韩 风	**主　编**
铁争鸣　蔡月萍　汪永莲	**副主编**
左适够	**主　审**

人民交通出版社股份有限公司
China Communications Press Co.,Ltd.

内容提要

本书为全国交通运输职业教育高职汽车运用与维修技术专业规划教材。全书分为六个模块,主要内容包括:机动车保险从业人员职业道德、机动车保险、机动车保险展业实务、机动车理赔实务、机动车保险欺诈的预防与识别、机动车保险与理赔系统操作。

本书可作为高等职业院校汽车运用与维修技术专业、汽车营销与服务、汽车检测与维修技术专业的教学用书,也可作为汽车保险从业人员的培训教材。

图书在版编目(CIP)数据

机动车辆保险与理赔/全国交通运输职业教育教学指导委员会组织编写;韩风主编.—北京:人民交通出版社股份有限公司,2019.9
 ISBN 978-7-114-15697-7

Ⅰ.①机… Ⅱ.①全…②韩… Ⅲ.①汽车保险—中国—高等职业教育—教材②汽车保险—理赔—中国—高等职业教育—教材 Ⅳ.①F842.63

中国版本图书馆 CIP 数据核字(2019)第 147230 号

书　　名:	机动车辆保险与理赔
著 作 者:	韩　风
责任编辑:	张一梅
责任校对:	赵媛媛
责任印制:	张　凯
出版发行:	人民交通出版社股份有限公司
地　　址:	(100011)北京市朝阳区安定门外外馆斜街 3 号
网　　址:	http://www.ccpress.com.cn
销售电话:	(010)59757973
总 经 销:	人民交通出版社股份有限公司发行部
经　　销:	各地新华书店
印　　刷:	北京市密东印刷有限公司
开　　本:	787×1092　1/16
印　　张:	11.5
字　　数:	264 千
版　　次:	2019 年 9 月　第 1 版
印　　次:	2019 年 9 月　第 1 次印刷
书　　号:	ISBN 978-7-114-15697-7
定　　价:	29.00 元

(有印刷、装订质量问题的图书由本公司负责调换)

前　言

为贯彻落实《国务院关于印发〈国家教育事业发展"十三五"规划〉的通知》(国发〔2017〕4号)精神,深化教育教学改革,提高汽车技术人才培养质量,满足创新型、应用型人才培养目标的需要,全国交通运输职业教育教学指导委员会组织来自全国交通职业院校的专业教师,按照教育部发布的《高等职业学校汽车运用与维修技术专业教学标准》的要求,紧密结合高职高专人才培养需求,编写了全国交通运输职业教育高职汽车运用与维修技术专业规划教材。

在本系列教材编写启动之初,全国交通运输职业教育教学指导委员会组织召开了全国交通运输职业教育高职汽车运用与维修技术专业规划教材编写大纲审定会,邀请行业内知名专家对该专业的课程体系和教材编写大纲进行了审定。教材初稿完成后,每种教材由一名资深专业教师进行主审,编写团队根据主审意见修改后定稿,实现了对书稿编写全过程的严格把关。

本系列教材在编写过程中,认真总结了全国交通职业院校的专业建设经验,注意吸收发达国家先进的职业教育理念和方法,形成了以下特色:

1. 与专业教学标准紧密衔接,立足先进的职业教育理念,注重理论与实践相结合,突出实践应用能力的培养,体现"工学结合"的人才培养理念,注重学生技能的提升。

2. 打破了传统教材的章节体例,采用模块式或单元+任务式编写体例,内容全面、条理清晰、通俗易懂,充分体现理实一体化教学理念。为了突出实用性和针对性,培养学生的实践技能,每个模块后附有技能实训;为了学习方便,每个模块后附有模块小结、思考与练习(每个单元后附有思考与练习)。

3. 在确定教材编写大纲时,充分考虑了课时对教学内容的限制,对教学内容进行优化整合,避免教学冗余。

4. 所有教材配有电子课件,大部分教材的知识点,以二维码链接动画或视频资源,做到教学内容专业化,教材形式立体化,教学形式信息化。

《机动车辆保险与理赔》是本系列教材之一。全书由青海交通职业技术学院韩风担任主编,青海交通职业技术学院铁争鸣、蔡月萍及西宁市湟中职业技术学校汪永莲担任副主编,上海交通职业技术学院左适够担任主审。参加本教材编写工作的有:深圳技师学院崔锁峰(编写模块四),青海交通职业技术学院韩风、王芳兰、祝存栋(编写模块二),青海交通职业技术学院铁争鸣(编写模块一),青海交通职业技术学院蔡月萍、西宁市湟中职业技术学校汪永莲(编写模块三),青海交通职业技术学院赵晓敏(编写模块五),青海交通职业技术学院马文斌(编写模块六)。

由于编者水平和经验有限,书中难免存在不足或疏漏之处,恳请广大读者提出宝贵意见,以便进一步修改和完善。

全国交通运输职业教育教学指导委员会
2019 年 2 月

目 录

模块一 机动车保险从业人员职业道德	1
一、职业道德	2
二、机动车保险从业人员职业道德	2
三、机动车保险公司岗位设置及岗位职责	4
技能实训	8
模块小结	9
思考与练习	9
模块二 机动车保险	**10**
一、保险基础知识	11
二、机动车交通事故责任强制保险	26
三、机动车商业保险	39
技能实训	80
模块小结	82
思考与练习	83
模块三 机动车保险展业实务	**85**
一、机动车投保	86
二、机动车保险承保	95
技能实训	102
模块小结	102
思考与练习	103
模块四 机动车理赔实务	**104**
一、事故车辆现场查勘	106
二、事故车辆定损	113
三、事故车辆核损	120
四、赔款理算	121
技能实训	135
模块小结	138
思考与练习	138

模块五　机动车保险欺诈的预防与识别 …………………………………………… 140
　　一、机动车保险欺诈界定、特点及危害 …………………………………………… 141
　　二、机动车辆骗赔的预防 …………………………………………………………… 142
　　三、典型案例分析 …………………………………………………………………… 144
　　技能实训 ……………………………………………………………………………… 145
　　模块小结 ……………………………………………………………………………… 147
　　思考与练习 …………………………………………………………………………… 147

模块六　机动车保险与理赔系统操作 …………………………………………… 148
　　一、保险办理 ………………………………………………………………………… 148
　　二、保险理赔办理 …………………………………………………………………… 156
　　技能实训 ……………………………………………………………………………… 174
　　模块小结 ……………………………………………………………………………… 176
　　思考与练习 …………………………………………………………………………… 176

参考文献 ……………………………………………………………………………… 177

模块一　机动车保险从业人员职业道德

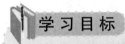

学习目标

☞ **知识目标**

1. 了解道德和职业道德的定义、内涵及特点；
2. 掌握机动车保险从业人员职业道德的构成要素、主要内容；
3. 掌握机动车保险从业人员的岗位设置及岗位职责。

☞ **能力目标**

使机动车保险从业人员能够将正确的职业道德观应用到实际工作中。

☞ **情感目标**

使机动车保险从业人员树立正确的职业道德观。

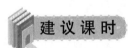

建议课时

3课时。

案例导入

2017年7月，张某将自己的车辆停在某停车场的垃圾堆旁边，垃圾堆燃烧产生火焰，其高温将张某车辆右后轮部件引燃，并发生了火灾，张某车辆燃烧产生的火焰引燃了李某停在旁边的车辆。事故发生后，消防大队出具了事故报告，张某和李某均对该事故责任认定没有异议。之后，李某将自己被烧毁的车辆拖到张某车辆所投保的保险公司指定的修理厂，并且定了损。经核算，李某车辆全部维修后的费用为14257元。然而，张某车辆投保的保险公司以"张某车辆事故属于停车期间发生的事故，而不是使用期间发生的事故"为由拒赔了。当然，张某认为自己的车辆有第三者责任险，而该次事故属于第三者责任险赔付范围，拒绝自己掏钱赔偿李某。李某将张某和涉案保险公司一起告上了法院。法院最终判决被告张某及保险公司赔付李某各项损失1万余元。

1. 该案例中张某和保险公司有哪些不当之处？
2. 机动车保险从业人员应该遵从哪些职业道德？

一、职业道德

(一)道德

道德是一种特殊的意识形态,是人类社会特有的,由经济关系决定的,以善恶评价为标准的,依靠社会舆论、内心信念和传统习惯维持的,用来调解人与人之间、人与社会之间关系的原则和规范的总和。

道德的内涵主要包括三个方面:一是道德为人们应该做什么和不应该做什么提供行为准则,对于调整人们之间的行为规范具有重要作用;二是道德是依靠社会舆论、内心信念和传统习惯来维持的,而不是靠法律法规和行政命令来维持的;三是道德是以善恶观念为标准的,善的行为是道德的,恶的行为是不道德的。

(二)职业道德

所谓职业道德,是指调整从业人员与社会公众关系的行为规范和道德准则的总称,是社会道德在特殊职业领域里的具体体现。职业道德与一定的职业相联系,体现了职业的特点和要求。职业道德实际上仍属于道德的范畴,其概念由来已久。由于各种场合所强调的重点不同,人们往往从不同的角度理解职业道德的概念。例如,从道德心理的视角来看,职业道德包括两个方面:一是职业道德意识,表现为从业人员职业道德规范认知;二是职业道德品质,表现为从业人员职业道德情感、动机、信念、意志和行为习惯。从业人员应通过学习职业道德规范,形成职业道德意识,然后将其内化为职业道德情感、动机、信念和意志,并外化为职业道德行为习惯。

二、机动车保险从业人员职业道德

(一)机动车保险从业人员职业道德的构成要素

机动车保险从业人员职业道德对从业人员在思想意识、品德修养等方面提出了严格的要求,它是评价机动车保险从业人员职业活动是与非、好与坏、美与丑、荣与辱的价值标准。从职业道德的构成要素来看,应该包括职业道德规范、职业道德行为及职业道德评价三个方面。这三个构成要素是相互联系、缺一不可的整体,只有同时具备三个构成要素,才能形成完整的职业道德。

(二)机动车保险从业人员职业道德的主要内容

我国很多行业都已经建立或正在建立与职业道德相关的法律法规,其主要目的是对从业人员的职业道德标准作出具体的规定,希望以此约束和规范从业人员的行为。机动车保险从业人员的职业道德要求主要包括爱岗敬业、诚实守信、廉洁自律、客观公正、坚持准则、提高技能、参与管理以及强化服务等方面。

1. 爱岗敬业

爱岗敬业是指要求机动车保险从业人员热爱自己从事的工作,对本职工作尽心尽责,具有社会责任感和使命感,为社会提供优良的产品和良好的服务。爱岗敬业是社会主义道德倡导的首要规范,是职业道德的基础内容。爱岗敬业的主要要求有以下三个方面。

1)树立正确的职业道德观

作为机动车保险从业人员,要遵守爱岗敬业的道德规范,树立正确的职业观和职业理想。爱岗敬业是一种承诺和态度,更是一种精神。只有珍惜岗位,才能爱岗敬业。工作岗位是我们展示自我价值的天地,是人生旅途拼搏进取的支点,是实现人生价值的基本舞台。每个劳动者都是社会的组成部分,无论在什么工作岗位,都是为社会提供服务。

2)忠于职守,团结协作

忠于职守是指忠诚地对待自己的职业岗位,尽力地遵守自己的职业本分。团结协作是忠于职守的体现和要求。机动车保险职业的工作多数都是琐碎、平凡的,因此,机动车保险从业人员要有高度的责任感和使命感,在平凡的工作上,兢兢业业、默默耕耘,尽力与他人团结协作,把工作做好。

3)脚踏实地,艰苦奋斗

做人要务实,做事也要务实。对待本职工作要坚持一切从客观实际出发,不好高骛远,不悲观盲从,不投机取巧,不消极怠工,要一丝不苟、认真踏实地做好事、办实事。任何一项工作,都有它本身所固有的客观规律,只有认真、踏实地遵循事情的客观规律,才能事半功倍,取得良好的效果。艰苦奋斗是对待工作的基本态度,也是机动车保险从业人员基本责任心的客观体现。因此,从业人员要在精神上要做好吃苦的心理准备,淡泊名利,不做追名逐利的功利之人。

2. 诚实守信

诚实是指一个人要言行一致,诚实做人,实事求是地做好自己的工作。守信是指一个人可以做到言出必行,对自己许下的承诺可以在行动上付诸实践,而不是说得到却做不到。诚信是做人的根本,也是企业生存和发展的根本。诚实守信的要求是多方面的,如做老实人、说老实话、办老实事,用诚实的劳动获取合法利益;讲信用,重信誉,信守诺言,以信立业;平等竞争,以质取胜,反对弄虚作假、坑蒙欺诈等。诚实守信的主要要求包括以下两个方面。

1)言行一致,诚信无欺

语言和行动、认识和行为的高度统一是诚实守信最基本的要求之一,也是诚实守信最基本的表现形式。事物必须忠于它的本来面貌,不歪曲、篡改事实,不隐瞒自己的真实想法,不掩饰自己的真实情感,不说谎、不作假,表里如一,讲究信誉,信守诺言,忠于自己承担的义务。只有身体力行、不断积累,从每一件小事做起,才能养成诚实守信的美德。

案例 1-1

客户李先生和机动车保险销售员章某是多年朋友,李先生先后为其私家车购买了多年保险,但李先生每次均将保费直接交于章某购买保险且并未索要保单,前几年车辆均未出险。近期李先生的爱车发生一起较重的追尾事故,李先生拨打保险公司报案电话后得知,章某并未为李先生爱车购买车辆保险。随后李先生联系章某,章某称不可能,并让李先生等待他的核实。李先生在长时间等待后多次联系章某,章某手机均为关机状态。李先生因此将该情况投诉至章某的公司,要求公司妥善处理。

2)重合同、守契约

随着市场经济的不断发展,市场经济的各种行为也愈发契约化。重合同、守契约是契约精神的核心,也是契约从习惯上升为精神的伦理基础。机动车保险职业活动中的很多行为都是契约行为。重合同、守契约要求缔约者内心之中存在契约守信精神。缔约双方应基于守信的前提在订约时不欺诈、不隐瞒真实情况，不恶意缔约，履行契约时完全履行，同时尽到必要的照顾、保管等附随义务。

案例 1-2

客户孙某于 2017 年 10 月 29 日通过保险销售员王某为爱车购买机动车保险，在投保时孙某明确告知王某，其爱车保险杠部分已损坏。为了能够得到这个保单，完成工作任务，王某告知客户说可以投保，并不影响今后的索赔。2018 年 8 月，孙某发生交通事故，致车辆受损，孙某到公司索赔，遭公司拒赔。孙某不服，认为自己车辆的情况当时已告知保险公司销售员王某，王某未将此情告知公司，随即起诉至法院。

3. 服务群众

服务群众是社会主义职业道德的核心内容。服务群众是指听取群众意见，了解群众之所想，落实群众之所需，以端正的态度为人民服务。服务群众的主要要求包括以下两个方面。

1) 尊重群众，提升服务意识

服务群众的基础在于尊重群众。服务群众要求尊重群众的意见、倾听群众的声音，郑重考虑群众要求。只有尊重群众，才能做到想群众之所想，急群众之所急，帮群众之所需，解群众之所难。尊重是服务的基础，只有内心认识到尊重的重要性，才可能产生与之相匹配的行为。

2) 端正服务态度，提高服务质量，加强服务创新

机动车保险从业人员在为客户提供优质的服务时，态度要端正。要始终以坚持原则、坚持职业准则为基础，要尽量满足客户的合理要求，对违法要求要果断拒绝。

服务群众要求机动车保险从业人员提高服务质量。高质量的服务体现在具体工作中即能够真实、客观地工作，当发现问题时能及时向上级领导汇报问题，以便及时解决问题，提高服务质量。

三、机动车保险公司岗位设置及岗位职责

机动车保险公司现有岗位设置如图 1-1 所示。

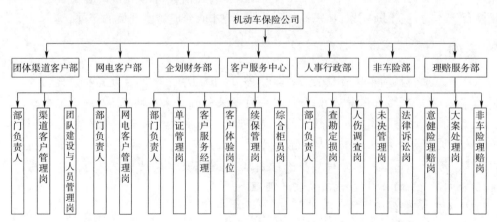

图 1-1 机动车保险公司岗位设置结构图

不同机动车保险从业人员岗位职责见表 1-1。

不同机动车保险从业人员岗位职责　　　　　　　　　　　表1-1

部门	岗位	岗 位 职 责
团体/渠道客户部	部门负责人	1. 负责推动直管渠道业务发展,完成成本预算; 2. 负责推动团体客户业务开展,组织改善团险专题业务推动; 3. 负责推动四级机构业务发展、管理水平进步; 4. 负责销售团队管理、培训; 5. 负责相关的业务分析、经验推广、工作总结; 6. 负责全能保险项目推广、过程管理、经验总结
	渠道客户管理岗	1. 负责渠道业务推动,销售推动策划方案制定及落实; 2. 负责市场情况分析,每月渠道销售分析,并提出改善建议; 3. 负责渠道专员的基本法考核及日常管理; 4. 负责渠道专员的培训及业务后援支持; 5. 负责渠道总对总专项业务的推动、落实
	团队建设与人员管理岗	1. 负责权限内销售人员入、离职等日常管理工作; 2. 负责销售人员薪酬管理与销售人力成本控制; 3. 负责销售队伍建设,组织销售队伍的日常培训工作
网电客户部	部门负责人	1. 根据网电事业部发展规划及业务政策,结合实际制定本机构网电业务发展规划、分解年度计划,组织推动所属各机构及业务人员完成网电渠道业绩目标; 2. 宣导落实网电业务标准流程及管理规范,合理协调、匹配内部资源,支持和推动集中网电销中心团队达成业绩目标,并指导所属机构做好落地服务; 3. 根据公司规划,建立三级机构客户回访队伍,明确管理规则,有序培养,科学考核,合理奖罚,公平晋退,做好电话销售模式在机构的落地融合; 4. 根据公司规划,招募建立网销商务拓展团队,拓展本地网销资源,积极配合做好线上及线下业务融合,明确团队管理规则,有序培养,科学考核,合理奖罚,公平晋退; 5. 根据网电事业部发展规划,有计划、有针对性针对所属机构、业务人员及客户进行网电业务宣传、宣导,强化直销意识; 6. 配合分公司客户价值与体验部,对柜面人员进行业务指导,积极协调处理解决客户意见,化解矛盾与纠纷,营造良好展业氛围;配合分公司客户价值与体验部,对网电续保业务的地面二促等工作进行落地,持续提升公司续保率水平
	网电客户管理岗	1. 结合分公司实际要求,根据机构实际制定后援服务流程及服务标准,明确工作目标,并积极进行宣导、推动; 2. 贯彻分公司要求,对客户回访团队管理规则组织实施; 3. 积极配合集中电销中心、公司人力部门及辖属各机构进行客户回访团队的建设、日常辅导与技能培养; 4. 明确分公司电销基础管理工作要求,做好本级及辖属机构增值服务的管理工作; 5. 规范与服务供应商的沟通渠道与合作方式,统一管理; 6. 认真贯彻领会事业部与分公司业务政策,协调解决渠道冲突和投诉处理; 7. 负责网销线上、线下渠道及模式的政策、方案宣导; 8. 负责渠道日常数据报表的提取及落地服务费的申请; 9. 客户回访团队协同管理

续上表

部门	岗位	岗 位 职 责
客户服务中心	部门负责人	1. 负责组织落实售前、售中、售后各客户接触点服务标准、流程及管理制度； 2. 负责组织落实客户投诉防范机制和处理机制，维护保险消费者权益； 3. 负责组织落实各客户接触点的服务保障、监督执行和处罚管理； 4. 负责组织落实e化出单管理、客户体验项目，提升客户满意度； 5. 负责组织落实柜面服务规范标准、制度与流程并组织培训、落实，提升客户柜面服务体验； 6. 负责组织落实出单及单证管理各项制度、操作流程，并组织落实推动、检查、监督执行；加强出单及单证管理风险控制，防范经营风险； 7. 负责组织落实渠道续保管理、业务管理办法及管理流程，组织推动和落实相关制度及流程，并检查、监督执行情况，提高续保率； 8. 负责组织落实客户分类分级管理标准和相关制度，通过客户数据分析，挖掘价值客户； 9. 负责组织落实增值服务体系建设，开发差异化服务项目，并组织实施； 10. 负责制订条线人员队伍建设、专业知识及业务技能培训和人员发展规划及管理办法的细则； 11. 对接分公司产品部门，完成核保政策制度落地执行
	单证管理岗	1. 执行总、分公司各项单证管理政策，监督指导下辖机构的单证管理工作； 2. 实施与管理本级单证的库存保管、征订、发放、回销、作废、遗失、归档、销毁业务环节； 3. 指导、监督与管理下级机构及本级部门的业务全流程，每月进行库存盘点与管理； 4. 对单证管理及使用情况进行检查；实施单证管理考核； 5. 结算与分摊单证印刷费用； 6. 指导和培训单证使用人员； 7. 每月对单证数据进行监控、分析，并对异常情况及时进行上报和跟踪处理；发现违反制度或规定的行为要及时反馈给稽核部门
	客户服务经理	1. 负责处理上门客户咨询和投诉，协调处理现场突发问题； 2. 负责收集客户意见和建议，发现客户深层次需求，不断提升客户服务质量； 3. 负责提升和培训柜员人员业务能力、客户服务意识，规范和提升柜面服务； 4. 负责维持柜面服务秩序，维护设备设施正常运行及环境卫生； 5. 负责现场协调处理传统业务与电销业务发生的撞单、抢单、保费、理赔等纠纷； 6. 根据总、分公司柜面标准化服务要求，制定本机构柜面服务标准化流程，做好柜面服务工作
	客户体验岗	1. 落实客户咨询及投诉管理工作； 2. 落实客户体验工作，按照月度体验监察计划实施； 3. 落实客服物资管理工作； 4. 执行总、分公司各项出单管理政策，监督指导下辖机构做好出单业务管理； 5. 具体落实总公司e化出单举措； 6. 落实柜面人员管理工作； 7. 组织指导公司出单队伍建设，负责全辖出单人员日常管理；组织、协调、实施下辖出单管理类人员及综合柜员的上岗、考核、培训工作
	续保管理岗	1. 负责落实续保管理相关制度，执行标准化续保管理流程； 2. 负责所辖机构分机构、分渠道续保率指标； 3. 负责组织认领、分派、上缴续保管理工作； 4. 负责协调客户信息回补、二促等续保管理工作； 5. 负责所辖机构续保率数据分析工作； 6. 负责所辖机构续保队伍的管理和考核工作

续上表

部门	岗位	岗 位 职 责
客户服务中心	综合柜员岗	1. 指导客户填写投保单,向客户讲解投保险种条款; 2. 遵守出单流程规范、高效、完整、准确录入信息,准确完成刷卡收费、打印发票等工作; 3. 规范领、用单证,做好承保资料的装订、预归档等工作; 4. 规范使用工号,保守客户及公司等信息; 5. 做好客户信息柜面查询服务; 6. 遵守阳光柜面服务礼仪、标准规范
理赔服务部	部门负责人	1. 负责根据公司的统一规划并结合当地实际,执行理赔客户服务、理赔管理、理赔队伍建设的工作目标、工作标准和考核机制; 2. 负责公司客户理赔服务工作管理,执行分公司客户服务质量、效率、客户满意度与服务规范的制度、标准及流程、投诉处理机制,推动客户理赔信息真实性管理; 3. 负责根据公司理赔管理制度,执行公司理赔政策、技术标准、操作实务、流程以及理赔质量管理体系,确保公司理赔政策贯彻实施,保证理赔工作高效有序运转; 4. 负责部门所属理赔员工考勤管理、会议管理、培训管理、绩效反馈等日常管理; 5. 负责权限内全险种案件处理,参与、指导案件处理过程; 6. 负责合理配置、协调理赔资源,合理安排员工工作,建立高效的理赔作业模式; 7. 做好与其他部门的沟通协调工作
	查勘定损岗	1. 负责车险案件的查勘、权限内的定损、闪赔工作、打假工作、复检、损余回收等工作; 2. 负责重大案件的上报工作; 3. 负责辖区内异地案件的查勘定损、跟踪协调工作; 4. 全程负责已接手赔案的处理工作,包括但不限于赔案的查勘定损,接待客户,重大案件的调查取证,收集、整理、审核查勘定损资料并及时移交,理赔系统录入等; 5. 负责客户信息收集及"三个一"物资的发放等服务措施的执行; 6. 负责人伤小额案件的快速处理工作
	人伤调查岗	1. 负责人伤案件的调查、协谈、司法鉴定、权限内的"三能三勿"实施、打假、人伤闪赔等工作; 2. 负责完成人伤案件资料收集、初步审核、理赔系统的录入; 3. 负责人伤重大赔案上报工作; 4. 负责人伤未决案件的清理工作; 5. 负责建立本地人伤赔付标准,以支持人伤闪赔工作的开展
	未决管理岗	1. 负责未决案件的管理、催收、清理工作; 2. 负责理赔客户前台接待,收集赔案资料; 3. 负责已决赔案的支付管理,清理已决未付案件; 4. 负责协助理赔服务部负责人进行理赔数据管理与分析; 5. 负责已决赔案的档案管理
	法律诉讼岗	1. 负责执行诉讼管理要求、作业流程及标准,参与涉诉案件处理; 2. 负责超权限诉讼案件上报,权限内诉讼案件应诉; 3. 负责诉讼资料的收集、移交、系统录入和归档; 4. 负责定期对本地区诉讼案件数据进行分析,提出相关改进意见和建议; 5. 负责协助完成理赔打假、追偿、疑难案件处理等工作; 6. 负责建立外部法院、律所等合作网络,支持诉讼降赔工作的开展

续上表

部门	岗位	岗 位 职 责
理赔服务部	非车险理赔岗	1.负责执行分公司财产险理赔指引、作业标准、操作实务和管理制度； 2.负责授权险种的财产险案件的处理，超权限案件上报； 3.负责推动和落实授权险种的打假、拒赔、残值处理等降赔增效工作，完成降赔指标； 4.负责实施授权险种案件追偿工作，完成授权险种追偿指标，并完成数据统计每月汇报； 5.负责相关险种的理赔风险管控工作； 6.负责对授权险种未决案件的清理工作
	意健险理赔岗	1.负责执行分公司意健险理赔指引、作业标准、操作实务和管理制度； 2.负责授权险种的意健险案件的处理，超权限案件上报； 3.负责推动和落实授权险种的打假、拒赔、残值处理等降赔增效工作，完成降赔指标； 4.负责相关险种的理赔风险管控工作； 5.负责对意健险未决案件的清理工作
	大案处理岗	1.负责本地和异地出险车险大案的查勘、权限内定损、打假、复检、损余回收等工作； 2.负责大案管理要求规定的超权限重大案的上报工作；权限内的直接参与大案处理； 3.全程负责已接手赔案的处理工作，包括但不限于赔案的查勘定损，接待客户，重大案件的调查取证，收集、整理、审核查勘定损资料并及时移交，理赔系统录入等； 4.负责制作查勘定损培训材料，对查勘定损人员进行支持、培训

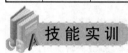

机动车保险职业道德工作页

班级		姓名		学号	
案例分析	案例一 　　客户李先生在保险营销员王某处投保了机动车保险，事后李先生研究保单条款，发现自己买的险种不适合自己车辆的使用情况，于是以保险营销员未经同意代替投保人签署了保单回执联为由要求全额退保。保险营销员表示因为客户当时在外地出差，口头同意可以代签回执单。而客户认为自己未签回执单，则表示此保单还在犹豫期内，要求公司全额退保。 　　分析以上案例，你认为以上案例中李先生和保险营销员有哪些不当之处？ 案例二 　　2018年2月23日，某财产保险股份有限公司的工作人员受公司委托到某市公安局城西公安分局报警称，保险公司的工作人员在复核一起已完成理赔的保险案中发现了相关事故材料有漏洞，疑似存在骗保行为。随即，办案民警展开调查，2018年4月，四川一公司中标了某地的一项防洪工程，该工程分为防洪水渠和防洪坝两个施工地。在防洪水渠工程开工前，工程负责人李某给工人们买了一份30人的不记名保险。 　　2018年9月2日，在防洪施工地上，发生了一起翻车事故，导致一死一伤。"事故发生后，李某考虑到防洪坝工程还未开工，不在保险公司理赔的范围内，而防洪水渠已经开工多日，所以李某授意防洪坝工地负责人张某，将死伤者拉至防洪水渠工地伪造事故现场。"城西公安分局经侦大队侦查员王生说。 　　此外，办案民警在办案中还发现某财产保险股份有限公司的员工赵某在事故发生后，明知这次事故不属于保险理赔范围的情况下，仍伙同犯罪嫌疑人李某、张某向保险公司提供虚假证明材料，骗取了保险公司的50万元保险金。 　　分析以上案例，你认为机动车保险从业人员应该怎么做才正确。
实训小结	

模块小结

本章介绍了道德和职业道德定义、内涵、特点,阐述了机动车保险从业人员职业道德的构成要素及主要内容,明确了保险公司相应业务部门中机动车保险从业人员的岗位设置及岗位职责。通过学习,机动车保险从业人员可以准确理解本岗位所应具备的职业道德规范,并践行到实际工作中去。

思考与练习

1. 机动车保险职业道德的构成要素有哪些?
2. 通过学习机动车保险职业道德的构成要素与主要内容,你认为怎么做才能成为一名合格的机动车保险从业人员?

模块二　机动车保险

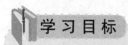

☞ 知识目标

1. 阐述风险的定义、要素、特征及基本分类；
2. 阐述保险的定义、职能及分类；
3. 理解风险与保险之间的关系；
4. 掌握保险的基本原则；
5. 了解机动车保险产品的组成；
6. 了解机动车交通事故责任强制保险的发展历程、特点及意义；
7. 了解交强险与商业三者险的区别；
8. 熟悉机动车交通事故责任强制保险和商业保险的保险条款；
9. 掌握机动车交通事故责任强制保险和商业保险保费的计算方法。

☞ 能力目标

1. 能够准确区分各风险中的可保风险与不可保风险；
2. 能够根据交通事故现场查看的具体情况，依据保险的基本原则找出造成交通事故的直接原因、准确判定事故责任、确定事故损失补偿金额；
3. 能够向顾客正确解释交强险与商业险保险条款内容；
4. 能够根据计算确定机动车交通事故责任强制保险和商业保险的保险金额。

☞ 情感目标

1. 具有良好的思想政治素质、行为规范及职业道德；
2. 热爱该专业领域工作，具有良好的心理素质及身体素质；
3. 具有较强的口头及书面表达能力，能够熟练、准确地为顾客解决实际问题。

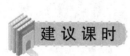

14 课时。

案例导入

保险公司汽车保险客服专员张某接到客户王先生的来电,王先生的爱车上一年度对路上行人发生了一次有责任但不涉及死亡的道路交通事故,事故受害人死亡伤残赔偿5万元,医疗费2万元,财产损失费6000元,本次事故损失共计7.6万元,该车只投保了交强险,问保险公司为什么仅赔付了6.2万元? 下一年交强险的保费是多少? 该车作为上下班代步交通工具,如果王先生下一年还想买商业险的车损险、第三者责任险、车上人员责任险,并对这三种险均约定不计免赔率特约条款,那么相应的保费应是多少?

通过阅读上述案例,思考如下问题:

1. 作为机动车保险客服专员,你应如何解答客户的疑问?
2. 作为机动车保险电销员,你应如何向客户介绍交强险?
3. 作为机动车保险客服专员,请为王先生的爱车计算下一年度交强险和商业险相应的保费。

 相关知识

保险是社会经济发展到一定阶段的产物。如今,对于世界上许多国家,特别是经济发达国家,保险已经成为其国民经济中的重要组成部分。随着道路运输行业的不断发展和机动车的迅速普及,机动车保险已经成为一些保险公司的第一大险种,要从事机动车保险实际业务工作,就必须对有关保险的基础知识有所了解。

因机动车保险的性质不同,机动车保险一般分为机动车交通事故责任强制保险和机动车商业保险,机动车交通事故责任强制保险是国家要求强制性缴纳的,机动车商业险的保险险种可以根据车主或企业的需求自主购买。

一、保险基础知识

(一)风险

风险是保险产生和发展的基础,没有风险就无所谓保险学。因此,研究保险必须从认识风险开始。

1. 风险的含义

风险即损失的不确定性。风险有两层含义:一是可能存在损失;二是这种损失是不确定的。所谓不确定性是指是否发生的不确定、发生时间的不确定以及发生过程和结果的不确定,即损失程度不确定。

风险是与损失和不确定性关联的。只要某一事件的发生结果与预想不同,就存在着风险。风险的不确定性体现为预期事件的发展可能导致三种结果:损害、无损害和收益。如果未来结果低于预期价值就称为损失或伤害;如果未来结果高于预期结果就称为收益。在三种不确定的结果中,损害是我们所关注的。因为如果事件发生的结果不会有损害,就不需要谈论风险。换言之,正是因为损害发生的不确定性可能在将来导致不利结果,才需要对风险进行管理,因而作为风险管理方式之一的保险才会诞生与发展。因此,保险理论中的风险,通常是指损害发生的不确定性。

2. 风险的要素

风险的要素包括风险因素、风险事故和损失。

1) 风险因素

风险因素是指引起或增加风险事故的机会或损失幅度的原因和条件。风险因素是风险事故发生的潜在原因,也是造成损失的内在或间接原因。

(1) 物质风险因素是指有形的、并能直接影响事物物理功能的因素,即某一标的本身所具有的足以引起或增加损失机会和损失幅度的客观原因和条件。

(2) 道德风险因素是与人的品德修养有关的无形的因素,是指由于个人不诚实、不正直或有不轨企图促使风险事故发生,以致引起社会财损毁或人身伤亡的原因和条件。

(3) 心理风险因素是与人的心理状态有关的无形的因素,是指由于人的不注意、不关心、侥幸或存在依赖保险的心理,导致增加风险事故的发生的概率和损失幅度的因素。

2) 风险事故

风险事故是指造成生命、财产损失的偶发事件,是造成损失外在的和直接的原因。损失都是由风险事故所造成的。

某一事件在一定条件下,可能是造成损失的直接原因,则它成为风险事故;而在其他条件下,可能是造成损失的间接原因,则它便成为风险因素。

3) 损失

在风险管理中,狭义的损失是指非故意的、非预期的和非计划的经济价值的减少。可以看出,风险管理中的损失包括两方面条件:①是非故意的、非预期的和非计划的观念;②是经济价值的观念,即经济损失必须以货币衡量,二者缺一不可。例如,有人因病而智力下降,虽然符合第一个条件,但不符合第二个条件,因此便不能把智力下降定义为损失。广义的损失既包括精神上的损耗,又包括物质上的损失。

4) 风险因素、风险事故和损失三者之间的关系

风险是由风险因素、风险事故和损失三者构成的统一体,三者之间存在着一种因果关系,如图 2-1 所示。

图 2-1 风险因素、风险事故和损失三者之间的关系

3. 风险的特点

1) 风险存在的客观性

地震、台风、洪水、瘟疫、意外事故等,都不以人的意志为转移,是独立于人的意识之外的客观存在。这是因为无论是自然界的物质运动,还是社会发展的规律,都是由事物的内部因素所决定,由超出人们主观意识所存在的客观规律所决定。

2）风险存在的普遍性

随着科学技术的发展、生产力的提高、社会的进步和人类的进化，新的风险不断产生，且风险事故造成的损失也越来越大。风险渗入社会、企业、个人生活的方方面面，无时无处不存在。

3）某一风险发生的偶然性

虽然风险是客观存在的，但就具体某一风险而言，它的发生是偶然的，是一种随机现象，因此风险也可认为是经济损失的不确定性。风险事故的随机性主要表现为：风险事故是否发生不确定、何时发生不确定、发生导致的后果不确定。

4）大量风险发生的必然性

个别风险事故的发生是偶然的，而通过对大量风险事故的观察会发现，其往往呈现出明显的规律性。运用统计学方法去处理大量相互独立的偶发风险事故，其结果可以比较准确地反映出风险发生的规律性。

5）风险的可变性

风险的可变性是指风险在一定条件下是可以转化的，这种转化包括：

（1）风险量的变化。随着人们对风险认识的增强和风险管理方法的不断完善，某些风险在一定程度上能够得以控制，进而降低事故发生频率和损失幅度；

（2）某些风险在一定的空间和时间范围内被消除；

（3）新的风险会不断产生。

4. 机动车使用过程中存在的风险

机动车使用过程中存在的风险有物质损失风险、责任风险、利益损失风险、管理风险。其中，物质损失风险包括车身损失风险、盗抢风险、自燃风险、玻璃破碎风险、车上货物损失风险等；责任风险包括第三者责任风险、车上人员责任风险等；利益损失风险包括停驶损失风险、可期待利益损失风险；管理风险包括驾驶员管理风险、安全管理风险、维护检修风险等。

5. 可保风险

在现实生活中，存在着各种各样的风险，而保险是人们处理风险的一种有效方式，由保险人承担的风险称为可保风险。保险一般只承担纯粹风险，而不承保有可能获利的投机风险。当然，并不是所有的纯粹风险都是可以承保的，需要满足有关条件才能构成可保风险。

1）可保风险应具备的条件

（1）风险损失发生的意外性及偶然性。

意外是指风险的发生超出投保人的可控范围，并且与投保人的主观行为无关。可保风险必须带有某种不确定性，风险损失的发生必须是意外的和非故意的，否则极易引发道德风险，违背保险的初衷。而损失发生具有偶然性也是大数法则得以奏效的前提。

（2）风险损失的可预测性。

风险损失的可预测性是指损失发生的原因、时间、地点都可以被确定，以及损失金额可以被衡量。因此，在风险损失发生时，可以准确地判定风险损失是否发生在保险期限内，是否发生在保险责任范围内，保险人是否给付赔偿以及赔偿多少等。

(3) 风险损失程度较高。

风险造成的潜在损失必须足够大、同质且可测(符合大数法则),例如火灾、盗窃等风险一旦发生,就会给当事人带来极大的经济困难。至于人们能够承受的一些小的、潜在的风险损失一旦发生,由于其并不会给人们带来很大的经济困难和不便,也就不一定需要采用保险的方式。

(4) 风险损失具有确定的概率分布,且发生的概率小。

风险损失具有确定的概率分布,对于正确计算保险费关系重大。而风险损失发生的概率较小是为了能恰当地发挥保险分散风险的作用。因为如果损失发生的概率很大,则需要收取的总保费很大,导致总保费与潜在损失相差不大,进而导致投保人无法承受,该险种便无法被推行。

(5) 必须具有大量标的。

根据大数法则,只有风险标的的数量足够大,风险才能被准确预测,才会使风险发生的次数及损失值在预期值周围的较小范围内波动,进而才能使保险公司收集足够的保险基金,使遭受风险损失者能够获得充足的保障。大量同质保险标的的存在,能够保证风险发生的次数及损失值以较高的概率维持在一个较小的波动范围内,有利于保险公司稳定经营。

(6) 风险不能导致灾难性事件。

灾难性事件是指一组标的所有或大部分标的同时因同一风险而受损。风险一旦导致灾难性事件发生,保险分摊损失的职能也随之丧失。例如战争、核辐射等类风险一般属于不可保风险。

2) 可保风险与不可保风险的转化

目前,可保风险与不可保风险的划分主要是从商业保险的角度考虑的。但是,这并不意味着可保风险与不可保风险的范围与内容的划分是固定不变的。这是因为保险技术、保险公司的实力以及保险市场的规模都处于变化发展中,同时保险的市场环境也处于变化发展中。

在一定的条件下,不可保风险可以转化为可保风险,例如在现在的情况下,一般的商业保险公司不愿或无力承做地震保险,但随着保险公司资本的扩大、保险新技术的不断出现、再保险市场规模的扩大,地震这种巨灾风险也可能被列入可保风险的范围内。而有的可保风险,由于保险环境的变化,也有可能从可保风险划入不可保风险。例如,某些地方处于地震可能频繁发生的地区,专业性保险公司从自身经济实力和商业原则考虑,无力继续承做有关地震保险,就会把地震列为除外责任,将其归入不可保风险。可见,可保风险与不可保风险并不是绝对的,在一定条件下,可保风险与不可保风险是可以转化的。

(二) 保险

1. 保险的定义

《中华人民共和国保险法》(以下简称《保险法》)第二条规定:"保险是指投保人根据合同约定,向保险人支付保险费,保险人对于合同约定的可能发生的事故因其发生所造成的财产损失承担赔偿保险金责任,或者当被保险人死亡、伤残、疾病或者达到合同约定的年龄、期限时承担给付保险金责任的商业保险行为。"

现代保险学者一般从两个方面来解释保险的定义。从经济角度来看,保险是分摊意外事故损失的一种财务安排。投保人参加保险,实质上是将他的不确定的大额损失变成确定的小额支出(即保险费),而保险人集中了大量同类风险,能借助大数法则来正确预见损失的发生额,并根据保险标的的损失概率制定保险费率,通过向所有被保险人收取保险费建立保险基金,用于补偿少数被保险人遭受的意外事故损失。因此,保险是一种有效的财务安排,并体现了一定的经济关系。从法律角度来看,保险是一种合同行为,体现的是一种民事法律关系。根据合同约定,一方承担支付保险费的义务,换取另一方为其提供的经济补偿或给付的权利,这正好体现了民事法律关系的内容——主体之间的权利和义务关系。

2. 保险的特征

1) 经济性

保险是一种经济保障活动,这种经济保障活动是整个国民经济活动的一个组成部分。此外,保险体现了一种经济关系,即商品等价交换关系,保险经营具有商品属性。

2) 互助性

互助性是保险的基本特征。在一定条件下,保险分担了个别单位和个人所不能承担的风险,从而形成了一种经济互助关系,它体现了"一人为众,众人为一"的思想。

3) 法律性

保险的经济保障活动是根据合同来进行的。所以,从法律角度看,保险又是一种法律行为。

4) 科学性

保险是以数理计算为依据而收取保险费的。保险经营的科学性是保险存在和发展的基础。

(三)保险的分类

随着经济的发展,保险的种类繁多,各国在保险的分类方面尚无固定的原则和统一的标准。下面介绍几种常用的划分标准及保险种类。

(1) 保险按性质不同,可分为社会保险、商业保险和政策保险。

(2) 保险按实施方式不同,可分为自愿保险和强制保险。其中,自愿保险:是指保险双方采取自愿方式签订保险合同,自愿保险的保险关系是当事人之间自由决定、彼此合意后所成立的合同关系;强制保险也称法定保险,是保险人和投保人以法律、法规为依据而建立的保险关系。如我国对火车、轮船、飞机旅客的意外伤害保险就是采用强制保险方式实施的。

(3) 保险按承保方式不同,可分为原保险、再保险、重复保险和共同保险。

(4) 保险按保险标的不同,分为财产保险、人身保险、责任保险和信用保证保险。

(四)保险的职能

保险的基本职能是指保险在一切经济条件下都具有的职能。保险的基本职能不会因经济条件等客观环境的变化而变化,是保险原始的、固有的职能。保险的基本职能有两种,即补偿损失和给付保险金。

补偿损失更多的是从财产保险的角度考察的。保险人通过向投保人收取保险费,建立保险基金,当被保险人遭受损失时,在保险金额幅度内,用保险基金进行赔付,使得被保险人的财产损失因保险人的赔付而得到补偿。保险的这一基本职能实际上就是"用大家的钱"来补偿一部分人的损失,将一部分人面临的风险分摊给所有投保人,从而从整体上提高对风险的承受能力。而给付保险金的职能更偏向于大多数的人身保险,尤其是人寿保险,因为人的生命价值不能用货币来衡量,并且人身保险具有返还性,所以人身保险的基本职能是给付保险金。

(五)保险的基本原则

在保险与理赔过程中,要遵循的基本准则就是保险的基本原则,即集中体现保险本质精神的基本原则。它既是保险立法的依据,又是保险活动中必须遵循的准则。保险的基本原则包括最大诚信原则、保险利益原则、近因原则、损失补偿原则四项。

1. 最大诚信原则

1)最大诚信原则的含义

保险关系的特殊性使人们在保险实务中愈发感到诚实守信的重要性。由于要求保险合同双方当事人最大限度遵守诚实信用原则,故称最大诚信原则。最大诚信原则要求双方当事人对于保险标的的有关重要事实做到不隐瞒、不虚报、漏报或欺诈,以诚信的态度全面履行各自的义务,以保证对方权利的实现。

2)最大诚信原则的内容

最大诚信原则是合同双方当事人都必须遵循的基本原则。最大诚信原则的内容主要体现在告知与保证两个方面。

(1)告知。

告知分为狭义的告知和广义的告知两种。狭义的告知仅指合同双方当事人在订约前与订约时,互相据实申报与陈述。广义的告知是指合同订立之前、订立时和合同有效期内,投保人应对已知的或应知的和保险际的有关的实质性重要事实,向保险人作口头或书面申报,保险人也应将与投保人利害直接相关的实质性重要事实据实通告投保人。最大诚信原则所指的告知是广义的告知,对于保险人来说,通常称为据实说明义务;对于投保人或被保险人来说,通常称为如实告知义务。这种告知并不是保险合同的组成部分,但对保险合同的签订与履行至关重要。

告知的内容包括:①合同订立时,保险人应当主动向投保人说明保险合同条款内容,以及费率和其他可能会影响投保人作出投保决定的事实;②合同订立时,根据询问,投保人或被保险人对于已知的与保险标的及其危险有关的重要事实作如实回答;③保险合同订立后,如果保险标的的危险增加,被保险人应当及时通知保险人;④保险事故发生后,被保险人应及时通知保险人;⑤重复保险的投保人,应将重复保险的相关情况通知保险人;⑥保险标的转让时,投保人应及时通知保险人,经保险人同意继续承保后,方可变更合同。

保险人的告知形式包括明确列明和明确说明两种。明确列明是指保险人只需将保险的主要内容明确列明在保险合同中,即视为已告知被保险人;明确说明是指保险人在明确列明的基础上,还需要对投保人作出明确的提示和正确的解释。在国际上,通常只要求保险人采用明确列明的告知形式。我国为更好地保护被保险人的利益,要求保险人采用明确说明的告知形式,并需要对保险条款、责任免除等保险的主要内容加以解释。

投保人告知的形式有无限告知和询问回答告知两种。我国保险法规定采用询问回答的告知形式。如《保险法》第十七条规定:"保险人可以就保险标的或者被保险人的有关情况提出询问,投保人应当如实告知。"

(2)保证。

保证是指投保人或被保险人在保险期内,担保对某投保事项的作为和不作为,或担保某一事项的真实性。投保人或被保险人违反保证条款,无论是否给保险人造成损害,保险人均有权解除合同,并不承担赔偿或给付保险金的责任。

保证分为明示保证和默示保证。明示保证是以语言、文字和其他习惯方式在保险合同内说明的保证。保险人为慎重起见,在保险合同中安排一个固定格式,让投保人承认保单上的保证条款,这是保险单的一部分,投保人必须遵守。默示保证是指在保险单中,虽没有文字明确列出,但在习惯上已经被社会公认为是投保人或被保险人应该遵守的事项,如要求被保险的车辆必须有正常的行驶能力等。

(3)违反最大诚信原则的处理。

最大诚信原则是保险合同的基础,如果没有遵守此原则,就要受到相应的处罚。例如违反告知义务,可以视情况决定是否从违约开始废止保险合同,也可以对某一个索赔案拒绝赔付。违反告知义务主要表现为遗漏、隐瞒、伪报、欺诈等行为,一旦有一方违反告知义务,受害方有如下权利:①废除保险合同;②如果涉及欺诈行为,除了可以废除保险合同外,还可以向对方索赔损失;③可以放弃上述两种权利,保险合同继续生效。受害方必须在发现违反最大诚信原则的合理时间内选择上述权利,否则将被认为自动放弃。

《保险法》对违反最大诚信原则的相关规定如下:①投保人故意隐瞒事实,不履行如实告知义务的,或者因过失未履行如实告知义务,足以影响保险人决定是否同意承保或者提高保险费率的,保险人有权解除保险合同;②投保人故意不履行如实告知义务的,保险人对于保险合同解除前发生的保险事故,不承担赔偿或者给付保险金的责任,并不退还保险费;③投保人因过失未履行如实告知义务,对保险事故的发生有严重影响的,保险人对于保险合同解除前发生的保险事故,不承担赔偿或者给付保险金的责任,但可以退还保险费。

案例 2-1

2017年4月,王某就自有的丰田凯美瑞轿车向保险公司投保了家庭自用机动车保险,投保险种为车辆损失险、第三者责任险等。在保险期限内,王某一直使用标的车辆在公交车站或小区门口从事长期从事黑车业务。2018年3月,王某驾驶标的车辆搭载2名乘客在某小区门口与一辆正规出租汽车相撞,相关部门认定王某负事故的全部责任。事后,王某向保险公司索赔,但保险公司拒绝赔偿。

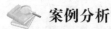 **案例分析**

王某与保险公司签订的机动车辆保险合同是合法且有效的,保险车辆虽然发生交通事故造成损失,但王某将家庭自用机动车用于营业性运输,导致被保险车辆危险程度增加,所以保险公司不负责。另外,由于被保险人并没有及时书面通知保险人,违反了保险合同中的投保人、被保险人义务条款,所以保险公司不负责赔偿。

2. 保险利益原则

1)保险利益原则的含义

根据我国《保险法》的规定,保险利益是指投保人或者被保险人对保险标的具有的法律上承认的利益,它体现了投保人或被保险人与保险标的之间的利害关系。如果保险标的安全,投保人或被保险人可从中获益;一旦保险标的受损,投保人或被保险人必然会蒙受损失。正是由于保险标的与被保险人的经济利益息息相关,投保人才会为保险标的投保以转嫁各种可能发生的风险,而保险公司则通过风险分摊来保障被保险人的经济利益。

2)保险利益原则的意义

保险利益原则最重要的意义是避免赌博行为的发生。投保人在投保时必须对保险标的负有保险利益,否则保险就可能成为一种赌博,丧失其补偿经济损失、给予经济帮助的功能。保险利益原则的另一个意义是防止道德风险。是否具有保险利益是判断保险合同有效或无效的根本依据。保险利益原则有效地限制了保险补偿或给付的程度,即不论保险标的损失的价值有多大,被保险人所能获得的补偿程度都要受到保险利益的限制。

3)保险利益原则对投保人与被保险人的要求

在保险合同的订立、履行过程中,保险利益原则有不同的表现形式。就财产保险而言,投保人应当在投保时对保险标的负有保险利益;合同订立后,被保险人可能因保险标的的买卖、转让、赠予、继承等情况而发生变更。在机动车保险实践中,要求在车辆转让或交易时一定要办理批改业务。

投保人或被保险人对保险标的所拥有的利益并非都可成为保险利益,保险利益必须符合一定的条件。这些条件主要有以下几个:

(1)必须是合法的利益。

保险利益必须符合法律规定,符合社会公共秩序要求,被法律认可并受到法律保护。如果投保人以非法律认可的利益投保,则保险合同无效。

(2)必须是经济上的利益。

保险利益必须是可以用货币、金钱计算和估价的利益,保险不能补偿被保险人遭受的非经济上的损失,例如精神创伤、刑事处罚、政治打击等。这些非经济虽与当事人有利害关系,但这种利害关系不是经济上的,因而不能构成保险利益。

(3)必须是确定的利益。

保险利益必须是已经确定的利益或者能够确定的利益。这包括两层含义:①该利益能够以货币形式估价。如果属于无价之宝而不能确定价格,则保险人难以承保。②该利益不是当事人主观估价的,而是事实上或客观上的利益。所谓事实上的利益包括现有利益和期待利益。运费保险、利润损失保险均直接以预期利益作为保险标的。财产保险的保险利益在保险合同订立时可以不存在,但在保险事故发生时则必须存在。因为只有保险事故发生时存在保险利益,投保人或被保险人才有实际损失发生,保险人才可以据此确定补偿的程度。

在机动车辆保险的经营过程中,涉及保险利益原则方面存在一个比较突出的问题,即被保险人与持有行驶证的车辆所有者不吻合的问题。在车辆买卖过程中,由于没有对投保单项下的被保险人进行及时的变更,导致其与持有行驶证的车辆所有者不吻合,一旦车辆发生损失,原车辆所有者由于转让了车辆,不具备对车辆的可保利益,而导致其名下的保单失效,而车辆新的所有者由于不是保险合同中的被保险人,当然也不能向保险人索赔,这种情况在出租汽车转让过程中更为明显。

案例 2-2

2018 年 2 月 20 日,某保险公司分公司出具保险单,保险单上显示被保险人、联系人、索赔权益人均是张某,其新车购置价为 30 万元,约定保险金额为 20 万元,第三者责任险限额为 30 万元,车龄 6 年。该车投保险种为车辆损失险、第三者责任险、全车盗抢险等。当天,张某为机动车承保,支付保险费 5214 元。2018 年 6 月 15 日,该车被盗,虽然张某已报警,但该案一直未破。

张某到保险公司,要求保险公司就车辆被盗进行赔偿。保险公司经过调查发现,张某不是车辆的所有权人,车辆真正的所有权人是某电脑公司。由于张某对车辆不具有保险利益,根据法律规定,保险合同无效。因此,保险公司拒绝赔偿。经多番协商不成,张某认为保险公司是在无端抵赖,于是一纸诉状告上法庭,要求法院判决保险公司支付保险赔偿金 20 万元及利息 3000 元。

针对保险公司称"车辆真正的所有权人是某电脑公司,与张某毫无利益关系"的说法,张某解释说,该车实际是电脑公司抵债给他的,虽然他不是该车的所有者,却是电脑公司的债权人,投保的目的也是对他的债权给予保障,因此,他同样对该车具有保险利益,保险合同应依法认定有效。

保险公司则认为,张某在法庭上称向某电脑公司抵债给他的车辆的转让协议丢失,无法提供,行驶证上的所有人仍是某电脑公司。因此,保险公司认为张某所言无据,拒绝赔付。

案例分析

保险单是投保人与保险人之间订立的保险合同,根据《保险法》的规定:"投保人对保险标的应当具有保险利益。投保人对保险标的不具有保险利益的,保险合同无效。保险利益是指投保人对保险标的具有的法律上承认的利益。"而依据张某的陈述,该车的所有权不是他的,那么他对该车就没有保险利益,应认定保险合同无效,因此张某不能依据无效合同请求保险公司赔偿。法院最终判定保险公司无须赔付,只需将保险费返还张某即可。

3. 近因原则

1) 近因原则的含义

保险关系的近因并非指在时间上或空间上与损失最接近的原因,而是指造成保险标的的损失的直接、有效、起决定性作用的危险因素或危险事故。对损失起间接、次要作用的危险因素或危险事故不是近因。

损失结果必须与危险事故的发生具有直接的因果关系,若危险事故属于保险人责任范围内,保险人就赔偿或给付。

2) 近因原则的意义

保险理赔的重要程序之一就是保险人一方必须确定被保险人的损失是否因保险风险所引起、保险危险造成了多大损失、保险公司是否应对被保险人进行赔偿,这就需要运用近因原则来分清确定责任,判断是否应该给予被保险人赔偿。

3) 近因的判断

在实际生活中,损失结果可能由单个因素或多个因素造成,因此对近因的判断就比较复杂,需要理赔人员熟练运用近因原则,从而作出公正合理的判断。

(1) 单个因素情况比较简单,即造成保险标的损失的原因只有一个,该原因就是近因。若该近因属于保险风险,则保险人应该承担赔偿或给付保险金的责任;若该近因属于除外风险,则保险人无须承担赔偿或给付保险金的责任。

(2) 多个因素的情况相对复杂,主要有以下几种情况:

① 多个因素同时发生:若同时发生的都是保险事故,则保险人承担责任;若其中既有保险事故也有责任免除事项,保险人只承担保险事故造成的损失。

② 多个因素连续发生:两个以上灾害事故连续发生造成损失,一般以最近的(后因)、最有效的原因为近因。若其属于保险事故,则保险人承担赔付责任。但后果是前因直接自然的结果、合理连续或自然延续时,以前因为近因。

③ 多个因素间断发生:这是指后因与前因之间没有必然因果关系,彼此独立。这种情况的处理与单个因素的处理方式大致相同,即保险人首先判断各种独立的危险事故是否属于保险事故,进而决定是否需要赔付。

案例 2-3

谭某为其货车投保有车辆损失险、第三者责任险。保险期间,某装卸工在谭某车上卸货过程中,由于失误导致被保险车辆碰撞到室外高压电线,进而导致车辆触电燃烧。虽消防人员到场处置,但该车仍然被烧损。谭某到保险公司,要求保险公司就车辆被损坏进行赔偿。保险公司经过调查发现,该车因接触到高压电线引起火灾,不属于保险责任范围,因而拒绝赔偿。谭某不服,发生争议后遂将保险公司起诉至法院。

案例分析

保险条款约定因碰撞或火灾引起的车损系保险赔偿范围。保险条款的术语部分载明：碰撞是指被保险机动车与外界物体直接接触并发生意外撞击、产生撞击痕迹的现象，包括被保险机动车按规定载运货物时，所载货物与外界物体的意外撞击；火灾，指被保险机动车本身以外的火源引起的、在时间或空间上失去控制的燃烧（即有热、有光、有火焰的剧烈的氧化反应）所造成的灾害。

一审法院认为，碰撞通常被理解为物体之间的碰触、撞击。虽然保险条款中对"碰撞"进行了定义，但在诉讼过程中，保险公司没有提交证据证明其已向谭某明确解释相关术语的定义，该术语定义限制了谭某的权利，对被保险人不生效。另外，在本案中，"碰撞"应当作出有利于被保险人的解释，即按照可能订立该合同的普通当事人的理解，解释为"碰触、撞击"。因此，本次事故中谭某的车辆碰触到高压电线而引起燃烧，应属保险责任范围。

二审法院认为，本案中谭某的车辆因碰触高压电线后触电发生火灾而导致被烧毁，该案中车辆被毁损的直接的、决定性的、有效的、主导性的、不可避免的因素是火灾，而不是碰撞，即火灾是事故的近因。保险合同已对"碰撞"和"火灾"等术语作出明确的提示和解释，故本次事故不属于保险责任。

 案例 2-4

2018年5月21日9时，王某及其三位朋友租用驾驶人李某的出租汽车去旅游景点游玩，当车辆行至距高速公路入口1500米处时，因连续驾车时间过长，李某随即将车停靠在路边中途休息。期间车上乘客王某、张某下车方便。乘客王某、张某在下车后，从车的前面横穿高速公路，被后方驶来的一辆大型客车撞上，当场一死一伤。此事故经过当地交管部门的处理后，认定受害人王某、张某违章横穿公路是导致此次事故的主要原因，王某、张某应负主要责任；李某违章停车是导致此次事故的间接原因，应负次要责任；大型客车驾驶人超速行驶同样负次要责任，李某及大型客车驾驶人分别承担本次事故赔偿费用的20%。事故处理完结后，李某持公安机关交通管理部门出具的相关手续到承保公司索赔。

 案例分析

本案中，受害人王某、张某在出租汽车驾驶人李某的车上，即王某、张某与李某形成服务关系。由于事故发生时，王某、张某仍然是李某的乘客，并没有因车辆临时停车而解除服务关系，因此，李某对于王某、张某负有安全责任。车辆临时停车时，驾驶人有责任保护乘客临时下车时的安全，尤其是应该意识到在位于快速路（临近高速路入口处）非正常停车可能会发生的风险。显然，对于乘客王某、张某的伤亡，李某应该承担工作疏忽和过失的责任。同时，由于李某并没有和王某、张某解除服务关系，王某、张某不属于李某"第三者"的范畴，也就不属于李某车辆第三者责任保险的责任范围，保险公司对于李某应对王某、张某所承担的伤亡责任不予赔偿。

从表面上看,李某疲劳驾驶临时停车,导致乘客有机会下车方便,是这起事故的原因。如果我们仔细分析这起事故,就会发现乘客王某、张某违章横穿马路,以及大型客车驾驶人超速行驶是造成这起事故的直接原因。用保险近因的原则分析,违章横穿马路和超速行驶是造成这起事故的近因。出租汽车驾驶人李某违章停车与本事故并无直接关系,即出租汽车驾驶人李某违章停车并不是必然造成这起事故,所以保险公司不应赔付相应的事故损失。

4. 损失补偿原则

1) 损失补偿原则的含义

损失补偿原则是财产保险特有的原则,是指保险事故发生后保险人在其责任范围内对被保险人遭受的实际损失进行赔偿的原则。损失补偿原则主要有以下三方面的含义:

(1) 只有被保险人发生了实际损失,保险人才予以赔偿。没有发生损失,则保险人不予以赔偿。

(2) 必须是在保险人的责任范围内发生的损失。即保险人只有在保险合同规定的期限内以约定的保险金额为限,对合同中约定的危险事故所致损失进行赔偿。

(3) 赔偿应当以实际损失为限。按照民事行为的准则,赔偿应当以保险标的的实际损失价值为限,使被保险人不能从保险上获得额外利益。换言之,保险人的赔偿应当恰好使保险标的恢复到保险事故发生前的状态。

2) 损失补偿原则的意义

(1) 防止与减少道德风险因素与赌博行为。损失补偿原则使未受到损失的投保人或被保险人得不到补偿,从而防止了道德风险因素与赌博行为。

(2) 限制了保险理赔的金额。理赔的金额必须以保险价值或实际损失为限额,促进保险费的合理负担。损失补偿原则对保险人的赔付金额有一定限制,可以防止投保人与被保险人获取额外的不正当的赔付保险金,进而减轻全体投保人和被保险人的保险费负担,维持保险经营的稳定性。

3) 损失补偿原则的运用

在保险的损失赔偿中,被保险人获得赔付,必须满足以下条件:

(1) 被保险人必须对保险标的具有保险利益。

(2) 保险标的的损失是由保险责任范围内的风险造成的,根据近因原则,只有当造成保险事故的近因属于保险责任范围内的可保风险,保险人才给予赔偿。近因属于除外风险,保险人则不予赔偿。

(3) 保险标的的损失价值必须用货币来衡量。机动车保险的损失赔偿方式一般有以下几种:

① 货币赔偿:货币赔偿又称为现金赔付,是指保险人对于被保险人所遭受到的损失支付相应货币的赔偿形式。责任保险和信用保险的理赔案件一般采用货币赔偿。

② 修复:当车辆发生部分损失时,保险人委托有关维修厂对保险标的的受损部位予以

修复,使保险标的恢复到损失发生前的状态。

③重置:当发生保险车辆遭受损失的情况,保险人重新购置与原保险标的等价的车辆。

4)损失补偿原则的派生原则

(1)分摊原则。

①分摊原则的含义。

分摊原则是损失补偿原则的派生原则,仅适用于财产保险业务中的重复保险,其特点是被保险人所能得到的赔偿金由各保险人采用适当的办法进行损失分摊。

投保人对同一标的、同一保险利益、同一保险事故分别与两个以上保险人订立保险合同的,构成重复保险,其保险金额的总和往往超过保险标的的实际价值。发生保险事故时,按照补偿原则,被保险人即有可能向两个或两个以上的保险人提出索赔,但如果由几个保险人同时赔偿实际保险金额,那么被保险人获得的赔偿金额就会超过保险标的的实际价值或者实际损失,也就是说被保险人从保险赔偿中获益,这就违背了保险的初衷。因此,分摊原则规定只能由承保保险标的的几个保险人根据不同的比例对被保险人的财产损失进行分摊,以免造成重复赔款而使被保险人因重复保险而获得超过实际损失以外的额外收益。

②分摊原则的运用。

重复保险的投保人应该将重复保险的有关情况告知各保险人。在机动车保险实务中,重复保险分摊一般采用比例责任制和超额赔偿制原则的方法。

比例责任制是指当损失发生的时候,如果保险合同均属有效,按照各保险合同中承保的保险金额占总保险金额的比例分摊损失,但其赔偿总额不能超过保险标的实际价值。汽车保险的综合责任险一般采用这种方式分摊。

超额赔偿制是指当没有其他保险合同可以理赔或其他保险合同赔偿不足时,由本保险合同予以赔偿。在理赔时,投保人应该先向其他保险人索赔,本保险合同仅对超额部分予以赔偿。例如,当机动车第三者责任险与社会保险发生重叠时,采用这种方式分摊。

(2)代位追偿原则。

①代位追偿的含义。

代位追偿又称为权利代位,是指在财产保险中由于第三者的过错致使保险标的发生在保险责任范围内的损失,保险人按照保险合同的约定给付保险金后,保险人取得被保险人作为受害人的地位,行使向致害人(侵权人)进行民事侵权索赔的权利。

保险合同中的代位追偿原则是保险损失补偿原则的又一派生原则。财产保险合同是经济补偿合同,具有经济补偿性,保险人只能对被保险人的实际损失进行补偿。在财产保险中,因第三者对保险标的的损失而造成保险事故的,受害人(被保险人与致害人、被保险人与保险人之间存在两种不同的法律关系。一方面,根据被保险人与保险人因保险标的有关利益签订的保险合同而产生的民事合同法律关系,当发生保险合同约定的保险事故时,保险公司承担赔偿责任。另一方面,受害人(被保险人)与致害人之间是因侵权行为而产生的一种民事侵权法律关系,致害人按照有关法律规定承担民事赔偿责任。当由于第三者原因导致的保险事故发生后,致害人按照有关法律规定承担民事赔偿责任。当由于第三者原因导致的保险事故发生后,被保险人既可以根据保险合同向保险人索赔,也可以根据有关法律向致害人请求予以赔偿。这样被保险人就可以通过双重索赔获利,违背了损失补偿原则。因此,代位追偿原则应运而生。

②代位追偿原则的运用。

根据《保险法》的有关规定及保险原则,代位追偿的产生应具备以下条件:

第一,保险标的的损失必须是由第三者造成的,依法应由第三者承担赔偿责任。所谓第三者,是指除保险人与被保险人以外的人。

第二,造成保险标的的损失是保险责任范围内的风险因素,根据保险合同的约定,保险公司理应承担赔偿责任。例如机动车保险中的车辆损失险规定,保险车辆因碰撞发生保险事故造成损失,根据保险合同的约定,保险公司应负责赔偿。如果不属于保险责任范围内的损失,则不适用代位追偿。

第三,代位追偿的产生必须在保险人给付保险金之后,保险人才能取代被保险人的地位与第三者产生债务债权关系。

③代位追偿适用的对象。

代位追偿的适用对象是负民事赔偿责任的第三者,既可以是法人、自然人,也可以是其他经济组织。由被保险人本人及其家属成员或其组成成员的过失行为造成的被保险财产损失,不适用代位追偿的规定。

④代位追偿的范围。

第一,保险人通过代位追偿得到的第三者的赔偿额度,只能以保险人支付给被保险人的实际赔偿的保险金额为限,超出部分的权利属于被保险人,保险人无权处理。

第二,如果被保险人向有责任的第三者请求并得到全部赔偿,保险人不再履行任何赔偿义务,也无代位追偿可言。

第三,如果被保险人向有责任的第三者请求并得到部分补偿,则仍然有权向保险人提出索赔要求,保险人的赔偿责任是保险标的的实际损失与被保险人已获得第三者赔偿的差额。对于此差额部分,保险人具有代位追偿权。

案例 2-5

王某的车辆投保了交强险、机动车损失险、第三者责任险和盗抢险。2018 年 3 月 15 日,王某去朋友家做客,将车停在某物业公司经营管理的停车场内,交由该停车场保管,该停车场将"取车票证"交给王某。次日上午,王某取车时发现车辆被盗,停车场也出示证明证实该车是在其停车场被盗。随后王某向公安机关报案。王某到保险公司,要求保险公司就车辆被盗理赔,保险公司依据合同约定,向王某赔偿 25 万元的盗抢险赔偿金。同时王某出具权益转让书,将该车项下 25 万元的权益转让给了保险公司。

案例分析

只要在保险责任范围之内的损失,保险公司就要负责赔偿。在保险公司赔偿前,王某应当向停车场负责人索赔,如果停车场负责人不予支付,王某可以提起诉讼。保险公司根据王某的书面赔偿要求,按照保险单规定赔偿王某,但王某必须将向停车场负责人追偿的权利转让给保险公司,并协助保险公司向停车场负责人追偿,这就是代位求偿权。当然,保险公司行使代位请求赔偿的权利,不影响王某就未取赔偿的部分向停车场负责人请求赔偿的权利。如果保险事故发生后、保险公司未赔偿保险金之前,王某放弃对停车场负责人请求赔偿的权利,保险公司就无须承担赔偿责任。

(六)风险与保险的关系

无论在理论上还是在实际操作中,风险和保险都有着密切的联系,从理论起源上看,是先出现保险学,后出现风险管理学。风险和保险的密切关系主要表现在如下五个方面:

1)二者研究的对象都是风险

保险是研究风险中的可保风险,是完善风险管理的一个重要内容。风险管理学的发展也在不断促进保险理论和实践的发展,加强风险管理又可以提高保险的经济效益,两者是相互促进的。

2)风险是保险产生和存在的前提,无风险则无保险

风险是客观存在的,无时无刻不威胁着人的生命和物质财产的安全,是不以人的意志为转移的。风险的发生直接影响社会生产过程的持续因而人们产生了对损失进行补偿的需要。保险是一种被社会普遍接受的经济补偿方式,因此风险是保险产生和存在的前提,风险的存在是保险关系确立的基础。

3)风险的发展是保险发展的客观依据

社会进步、生产发展、现代科学技术的应用,使人类社会在克服原有风险的同时,也不断产生新的风险。新的风险对保险提出了新的要求,促使保险业不断涉及新的险种、开发新业务。从保险的现状和发展趋势看,作为高风险系统的核电站、石油化学工业、航空航天事业、交通运输行业的风险,都可以纳入保险的责任范围。

4)保险是风险处理传统和有效措施

人们面临的各种风险损失,一部分可以通过控制的方法消除或减少,但不可能全部消除。面对各种风险造成的损失,单靠自身力量解决,就需要提前备出与自身财产价值等量的后备基金,这样既造成资金浪费,又难以解决巨灾损失的补偿问题。因此,转移就成为风险管理的重要手段。保险作为转移方法之一,长期以来被人们视为传统的处理风险手段。保险可以把不能自行承担的集中风险转嫁给保险人,以小额的固定支出换取对巨额风险的经济保障,因而成为处理风险的有效措施。

5)保险经营效益受风险管理技术的制约

保险经营效益的大小受多种因素的制约,风险管理技术作为非常重要的因素,会对保险

经营效益产生很大的影响。如对风险的识别是否全面,对风险损失的频率和造成损失的幅度估计是否准确,哪些风险可以接受承保,哪些风险不可以承保,保险的范围应有多大、程度如何,保险成本与效益的比较等,都制约着保险的经营效益。

二、机动车交通事故责任强制保险

(一)机动车交通事故责任强制保险概述

1. 机动车交通事故责任强制保险的发展历程

19世纪末,机动车交通事故责任强制保险(以下简称"交强险")几乎伴随机动车同时诞生。1896年,英国保险公司率先推出机动车第三者责任险,1927年,全世界第一份交强险强制保单在英国诞生。英国所推行的机动车第三者责任强制保险属于强制性保险,1987年英国制定的《机动车强制保险规则》中明确规定,在英国国内行驶的机动车必须购买第三者责任强制险。

美国的马萨诸塞州于1927年率先施行了《汽车强制保险法》,规定凡是州内居民在取得驾驶执照或车辆执照之前,必须购买机动车保险。

德国于1939年制定《汽车占有人保险责任法》,推行机动车强制保险。1965年,德国制定《汽车保有人强制责任保险法》,增加规定受害人有权直接向保险人请求赔偿,该法后经多次修改,提高了责任限额。

1955年日本通过了《机动车损害赔偿责任保障法》,以此作为实施机动车强制保险的法律依据。日本采取绝对强制立法模式,禁止没有依照法律规定订立保险合同的机动车在道路上行驶。只有经政府批准的保险公司,才能经营保险产品。

法国于1958年颁布法律,规定对所有的机动车实行第三者责任强制保险,并于1959年实施强制机动车保险。

自2004年5月1日,我国正式实施《中华人民共和国道路交通安全法》,该法第十七条规定:"国家实行机动车第三者责任强制保险制度,设立道路交通事故社会救助基金。"2006年3月1日,国务院常务会议审议通过了《机动车交通事故责任强制保险条例》,并于同年7月1日正式实施,我国的机动车交通事故责任强制保险就此走进了普通民众的生活。

2. 机动车交通事故责任强制保险的定义

交强险也称为机动车强制三者险,是我国首个由国家法律规定实行的强制保险制度。按照《机动车交通事故责任强制保险条例》的规定,交强险是由保险公司对被保险机动车发生道路交通事故造成受害人(不包括本车人员和被保险人)的人身伤亡、财产损失,在责任限额内予以赔偿的强制性责任保险。

3. 我国机动车交通事故责任强制保险的特点

交强险的目的在于为机动车道路交通事故的受害人提供基本保障,及时、合理地弥补其遭受的损害,并在此基础上,借助交强险所具有的社会管理效用更好地履行政府职责,促进道路交通安全,进而维护社会大众的安全与权益。与商业机动车第三者责任保险(以下简称

"商业三者险")相比,交强险具有以下六方面主要特点。

1) 强制性

机动车所有人、管理人必须投保交强险,而保险监管部门也有权要求保险公司必须承保交强险,不能拒保。根据《机动车交通事故责任强制保险条例》的规定,在中华人民共和国境内道路上行驶的机动车的所有人或者管理人都应当投保交强险,机动车所有人、管理人未按照规定投保交强险的,公安机关交通管理部门有权扣留机动车,通知机动车所有人、管理人依照规定投保,并处应缴纳的保险费的 2 倍罚款。

2) 广泛性

在我国境内,只要是机动车都可以投保交强险(机动车包括摩托车、拖拉机等,但不包括电动车),且该保险不仅保障机动车因道路交通事故造成的人身伤亡和财产损失,而且对道路以外通行时发生的事故也同样给予保障。

3) 公益性

保险公司经营机动车交通事故责任强制保险须遵循不亏损、不营利的原则,对交强险实行单独管理和单独核算。在交强险保费中提取一部分资金建立救助基金,对于酒后驾车、故意撞人等交通事故,交强险也可以实现理赔,目的是保护受害者,体现了其公益性。如果遇到这种情况,保险公司会先垫付医疗费用,再立案调查情况,向驾驶人追偿。对于"碰瓷"类交通事故,交强险不予赔付。

4) 实行"限额内完成赔偿"原则

交强险实施后,无论被保险人在交通事故中是否负有责任,保险公司均将按照《机动车交通事故责任强制保险条例》以及交强险条款的具体要求在责任限额内予以赔偿。

5) 实行分项责任限额

交强险有法律规定实行分项责任限额,即分为死亡伤残赔偿限额、医疗费用赔偿限额、财产损失赔偿限额以及被保险人在道路交通事故中无责任的赔偿限额。

6) 实行统一条款和基础费率,并且费率与安全驾驶情况挂钩

交强险条例规定实行统一的保险条款和基础费率。此外,为了促进驾驶员安全驾驶,交强险实行保险费率与安全驾驶情况挂钩的"奖优罚劣"浮动费率机制。如果一辆车上一个年度没有发生有责任道路交通事故,它本年度的保费浮动比率就会降低 10%,如果该车上一个年度发生两次以上有责任但不涉及死亡的道路交通事故,它本年度的保费浮动比率就会上浮 10%。

4. 机动车交通事故责任强制保险的保障对象

交强险涉及我国 1 亿多辆机动车,保障全国十几亿道路和非道路通行者的生命财产安全。交强险保障的对象是被保险机动车致害的交通事故受害人,但不包括被保险机动车本车人员、被保险人。限定受害人范围,一是考虑到交强险作为一种责任保险,以被保险人对第三方依法应负的民事赔偿责任为保险标的;二是考虑到《中华人民共和国道路运输条例》规定,从事客运服务的承运人必须投保承运人责任险,保证乘客的人身财产损害可以依法得到赔偿。

5. 建立机动车交通事故强制责任保险制度的意义

交强险制度的建立对完善我国的立法体系、保障人民生命财产安全、促进道路交通安全以及维护社会稳定等具有非常重要的意义。

1）交强险制度是完善我国立法体系的内在要求

建立交强险制度是我国保险业法制建设的重要篇章,是我国经济社会发展和法制建设的必然趋势,为有效保护交通参与者的人身、财产安全及其他合法权益提供了法律保障。

2）有利于保护人民生命财产的安全

发挥保险的经济补偿职能,有助于保障机动车道路交通事故受害人的合法权利,避免因肇事方经济赔偿能力不足或肇事逃逸等,使受害人无法得到经济补偿。交强险制度体现了以人为本、关爱生命、尊重人权的精神。

3）有利于保障交通安全

保险费率与机动车及驾驶人安全驾驶情况挂钩,实行"奖优罚劣"政策,发挥保险业的社会管理职能,有助于提升驾驶人安全驾驶的意识,自觉遵章守法,维护道路交通秩序,保障交通安全。

6. 机动车交通事故强制责任保险与商业机动车第三者责任保险的区别

1）保险公司经营的理念不同

交强险虽然采取商业化经营模式,但不是以营利为目的,对于保险公司中的交强险业务,财政部会给予一定的补贴,而且交强险实行全国统一的保险条款和基础费率,保监会按照交强险业务总体上"不营利、不亏损"的原则审批费率,从而实现设计该保险制度的初衷;而商业三者险属于财产保险,营利是保险公司经营该项保险业务的目的,保险费率相对较高,商业三者险的保费取决于保险金额、车型、车龄、车辆用途等多种因素。

2）制定的目的不同

投保交强险是源于法律的强制性规定,目的在于保护受害人,使受害人得到及时、全面的赔偿,从一定意义上说,具有社会保障功能;商业三者险的设计是为了分散被保险人承担责任的风险,侧重于对被保险人利益的保护。

3）投保人的自由度不同

投保交强险是法定义务,投保义务人没有选择的余地和自由,否则将会受到法律法规的处罚;而商业三者险不具有强制性,具有保险利益的人可以自由决定是否投保,投保人与保险公司在自愿、平等的条件下订立保险合同,不受他人强制。

4）责任限额不同

在全国范围内,交强险实行统一的责任限额和分项的责任限额,如交强险赔偿限额为12.2万元;商业三者险的责任限额一般分为 5 万元、10 万元、15 万元、20 万元、30 万元、50 万元、100 万元七个档次,投保人可自由选择。

5）赔偿原则不同

对于交强险而言,由保险公司在责任限额范围内予以赔偿,在责任限额内保险公司承担的是无过错原则赔偿。在商业三者险中,保险公司在依据保险合同约定计算赔款的基础上,在保险单载明的责任限额内,按照免赔率免赔。而机动车驾驶人所负的事故责任比例是确定免赔率的依据,但如果投保人为商业三者险投保了不计免赔特约险,则按规定的免赔率计算的、应由被保险人自行承担的免赔金额部分,由保险人负责赔偿。

(二)我国机动车交通事故责任强制保险条款细则

为了规范机动车辆保险行业,促进其有序竞争好良性发展,我国于2006年7月1日起统一施行《机动车交通事故责任强制保险条例》,并于2008年1月对其内容进行第一次修改,此分别于2012年3月30日和2016年2月6日进行了第二次和第三次修订。目前,各大保险公司现行保单上通用的是2016年修订的《机动车交通事故责任强制保险条例》,其内容涉及总则、投保、赔偿、罚则、附则五部分,如图2-2所示。

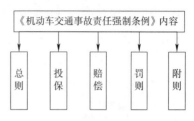

图2-2 《机动车交通事故责任强制保险条例》内容

保险人向投保人解释《交强险保险条例》时,应对条款中的保险责任、各项赔偿限额、责任免除、投保人及被保险人义务、赔偿处理、合同终止与变更等内容明确说明,其中关于责任免除事项的内容必须说明,否则该责任免除条款无效。

1. 总则

总则主要是对条款的制定法制依据、合同的组织与形式、费率的影响因素、交通的情况等内容进行阐述。

为了保障机动车道路交通事故受害人依法得到赔偿,促进道路交通安全,根据《中华人民共和国道路交通安全法》《中华人民共和国保险法》,制定本条例。

机动车交强险合同由本条款与投保单、保险单、批单和特别约定共同组成。凡与交强险合同有关的约定,都应当采取书面形式。

交通险费率实行与被保险机动车道路交通安全违法行为、交通事故记录相关联的浮动机制。

签订交强险合同时,投保人应当一次支付全部保险费,保险费按照保监会批准的交强险费率计算。

2. 定义

定义主要对交强险合同中的被保险人、投保人、受害人、保险标的、责任限额、抢救费用等保险术语作出解释。

1)被保险人

交强险合同中的被保险人指投保人及其允许的合法驾驶人。

2)投保人

交强险合同中的投保人指与保险人订立交强险合同,并按照合同有支付保险费义务的机动车的所有人、管理人。

3)受害人

交强险合同中的受害人是指因被保险机动车发生交通事故遭受人身伤亡或者财产损失

的人,但不包括被保险机动车本车车上人员、被保险人。

4)保险标的

作为保险对象的财产及其有关利益或者人的寿命和身体。

5)责任限额

交强险合同中的责任限额是指被保险机动车发生交通事故,保险人对每次保险事故所有受害人的人身伤亡和财产损失所承担的最高赔偿金额,责任限额分为死亡伤残赔偿限额、医疗费用赔偿限额、财产损失赔偿限额以及被保险人在道路交通事故中无责任的赔偿限额。其中,无责任的赔偿限额分为无责任死亡伤残赔偿限额、无责任医疗费用赔偿限额以及无责任财产损失赔偿限额。

6)抢救费用

交强险合同中的抢救费用是指被保险机动车发生交通事故导致受害人受伤时,医疗机构对生命体征不平稳和虽然生命体征平稳但如果不采取处理措施会产生生命危险,或者导致残疾、器官功能障碍,或者导致病程明显延长的受害人,参照国务院卫生主管部门组织制定的交通事故人员创伤临床诊疗指南和国家基本医疗保险标准,采取必要的处理措施所发生的医疗费用。

3. 保险责任

主要规定了交强险合同中保险责任的具体内容和具体限额的数据。保险责任指被保险机动车保险期间内,在中华人民共和国境内(不含港、澳、台地区)使用过程中发生交通事故,致使受害人遭受人身伤亡或者财产损失,依法应当由被保险人承担的损害赔偿责任,保险人按照交通险合同的约定对每次事故在下列赔偿限额内负责赔偿,赔偿限额如表2-1所示。

机动车交通事故责任强制保险责任限额　　　　表2-1

赔偿内容版本及赔偿责任限额	机动车交通事故责任强制保险责任限额(2006年版)		机动车交通事故责任强制保险责任限额(2008年版)	
	有责赔偿(元)	无责赔偿(元)	有责赔偿(元)	无责赔偿(元)
死亡伤残赔偿	50000	10000	110000	11000
医疗费用赔偿	8000	1600	10000	1000
财产损失赔偿	2000	400	2000	100

1)死亡伤残赔偿限额

死亡伤残赔偿限额是指被保险机动车发生交通事故,保险人对每次保险事故所有受害人的死亡伤残费用所承担的最高赔偿金额。死亡伤残费用包括丧葬费、死亡补偿费、受害人亲属办理丧葬事宜支出的交通费用、残疾赔偿金、残疾辅助器具费、护理费、康复费、交通费、被抚养人生活费、住宿费、误工费、被保险人依照法院判决或者调解承担的精神损害抚慰金。

2)医疗费用赔偿限额

医疗费用赔偿限额是指被保险机动车发生交通事故,保险人对每次保险事故所有受害人的医疗费用所承担的最高赔偿金额。医疗费用包括医药费,诊疗费,住院费,住院伙食补助费,必要的、合理的后续治疗费、整容费、营养费。

3)财产损失赔偿限额

财产损失赔偿限额是指被保险机动车发生交通事故,保险人对每次保险事故所有受害人的财产损失承担的最高赔偿金额。

4. 垫付与追偿

主要规定了垫付的条件、标准和具体操作,同时规定了四种情形下保险人向受害人垫付抢救费用后有权向致害人追偿垫付费用。

被保险机动车发生交通事故,造成受害人受伤需要抢救的,保险人在接到公安机关交通关机部门的书面通知和医疗机构出具的抢救费用清单后,按照国务院卫生主管部门组织制定的交通事故人员创伤临床诊疗指南和国家基本医疗保险标准进行核实。对于符合规定的抢救费用,保险人在医疗费用赔偿限额内垫付。被保险人在交通事故中无责任的,保险人在无责任医疗费用赔偿限额内垫付。对于其他损失和费用,保险人不负责垫付和赔偿。

保险人对受害人垫付的抢救费用有权向以下四种情形下的致害人追偿。

(1)驾驶人未取得驾驶资格证的。

(2)驾驶人醉酒驾驶的。

(3)被保险机动车被盗抢期间肇事的。

(4)被保险人故意制造交通事故的。对于垫付的抢救费用,保险人有权向致害人追偿。

5. 责任免除

主要列明保险公司不负责赔偿和垫付的损失和费用。以下四类损失和费用,将不负责赔偿和垫付:

(1)因受害人故意造成的交通事故的损失。

(2)被保险人所有的财产及被保险机动车上的财产遭受的损失。

(3)被保险机动车发生交通事故,致使受害人停业、停驶、停电、停水、停气、停产,通信或者网络中断,数据丢失、电压变化等造成的损失以及受害人财产因市场价格变动造成的贬值,修理后因价值降低造成的损失等其他各种间接损失。

(4)因交通事故产生的仲裁或则诉讼费用以及其他相关费用。

6. 保险期限

除国家法律、行政法规另有规定外,交强险合同的保险期限为一年,以保险载明的起止时间为准。有下列情形之一的,投保人可以投保短期保险。

(1)距报废期限不足一年的机动车。

(2)临时上道路行驶的机动车(如领取临时牌照的机动车,到异地办理注册登记的新购机动车,临时入境的境外车等)。

7. 投保人和被保险人义务

主要规定了投保人和被保险人在投保与承包过程中应该履行的义务,投保人和被保险人只有在履行了相互告知的义务后,才能获得保险的保障。投保时,投保人与保险人应履行以下义务:

(1)投保人投保时,应当如实填写投保单,向保险人如实告知重要事项,并提供被保险机动车的行驶证和驾驶证复印件。重要事项包括机动车的种类、厂牌型号、识别代码、号牌号码、使用性质和机动车所有人或者管理人的姓名(名称)、性别、年龄、住所、身份证或者驾驶证号码(组织机构代码)、续保前该机动车发生事故的情况以及保监会规定的其他事项。投保人未如实告知重要事项、对保险费计算有影响的,保险人按照保单年度重新核定保险费计收。

(2)签订交强险合同时,投保人不得在保险条款和保险费率之外,向保险人提出附加其他条件的要求。

(3)投保人续保的,应当提供被保险机动车上一年度交强险的保险单。

(4)在保险合同有效期内,被保险机动车因改装、加载、使用性质改变等导致危险程度增加的,被保险人应当及时通知保险人,并办理批改手续。否则,保险人按照保单年度重新核定保险费计收。

(5)投保险机动车发生交通事故,被保险人应当及时采取合理、必需的施救和保护措施,并在事故发生后及时通知保险人。

(6)发生保险事故后,被保险人应当积极协助保险人进行现场查勘和事故调查。

(7)发生与保险赔偿有关的仲裁或诉讼时,投保险人应当及时书面通知保险人。

8.赔偿处理

主要规定了被保险人索赔时应提供的材料、人身伤亡和财产损失核定标准及赔偿方面的注意事项。

1)被保险人索赔时应提供的材料

被保险机动车发生交通事故的,由被保险人向保险人申请赔偿保险金。被保险人索赔时,应当向保险人提供以下材料:

(1)交强险的保险单。

(2)被保险人出具的索赔申请书。

(3)被保险人和受害人的有效身份证明、被保险机动车行驶证和驾驶人的驾驶证。

(4)公安机关交通管理部门出具的事故证明,或者人民法院等机构出具的有关法律文书及其他证明。

(5)被保险人根据有关法律法规规定选择自行协商方式处理交通事故的,应当提供依照《交通事故处理程序规定》规定的记录交通事故情况的协议书。

(6)受害人财产损失程度证明、人身伤残程度证明、相关原理证明以及有关损失清单和费用单据。

(7)其他与确认保险事故的性质、原因、损失程度等有关的证明和资料。

2)人身伤亡和财产损失核定标准

保险事故发生后,保险人应按照国家有关法律法规的赔偿范围、项目和标准以及交强险合同的约定,并根据国务院卫生主管部门组织制定的交通事故人员创伤临床诊疗指南和国家基本医疗保险标准,在交强险的责任限额内核定人身伤亡的赔偿金额。

被保险机动车发生涉及受害人受伤的交通事故,因抢救受害人需要保险人支付抢救费用的,保险人应在接到公安机关交通管理部门的书面通知和医疗机构出具的抢救费用清单后,按照国务院卫生主管部门组织制定的交通事故人员创伤临床诊疗指南和国家基本医疗保险标准进行核实。

3) 人身伤亡和财产损失赔偿方面的注意事项

(1) 因保险事故造成受害人人身伤亡的,未经保险人书面同意,被保险人自行承诺或支付的赔偿金额,保险人在交强险责任限额内有权重新核定。

(2) 因保险事故损坏的受害人财产需要修理的,被保险人应当在修理前会同保险人检验,协商确定修理或者更换项目、方式和费用。否则,保险人在交强险责任限额内有权重新核定。

(3) 对于符合规定的抢救费用,保险人在医疗费用赔偿限额内支付。被保险人在交通事故中无责任的,保险人在无责任医疗费用赔偿限额内支付。

9. 合同变更与终止

主要规定了合同变更和解除的条件以及合同终止后保险的退还办法。

在交强险合同有效期内,被保险机动车所有权发生转移的,投保人应当及时通知保险人,并办理交强险合同变更手续。

在下列三种情况下,投保人可以要求解除交强险合同:

(1) 被保险机动车被依法注销登记的。

(2) 被保险机动车办理停驶证的。

(3) 被保险机动车经公安机关证实丢失的。

交强险合同解除后,投保人应当将保险单、保险标志交还保险人;无法交回保险标志的,应当向保险人说明情况,并征得保险人同意。

发生《机动车交通事故强制责任保险条例》所列明的投保人、保险人解除交强险合同的情况时,保险人按照日费率收取自保险责任开始之日起至合同解除之日止期间的保险费。

10. 附则

主要规定了合同争议的处理方式,适用法律等。

因履行交强险合同发生争议的有以下三种解决方式:

(1) 由合同当事人协商解决。

(2) 协商不成的,提交强险单载明的仲裁委员会仲裁。

(3) 保险单未裁明仲裁机构或者争议发生后未达成仲裁协议的,可以向人民法院起诉。

交强险合同争议处理适用中华人民共和国法律。上述条款未尽事宜,应按照《机动车交通事故责任强制保险条例》执行。

(三) 机动车交通事故责任强制保险费率

1. 交强险费率

《机动车交通事故责任强制保险条例》规定,机动车投保交强险,第一年实行全国统一的基础费率。交强险的基础费率共分42种,涵盖家庭自用车、非营业性客车、营业性客车、非营业性货车、营业性货车、特种车辆、摩托车和拖拉机 8 大类,42 小类车型。每小类车型的保险费率各不相同,但对同一车型,全国执行统一价格。自 2006 年基础费率实施一年后,保监会在广泛征求意见及精细测算的基础上,重新调整了基础费率标准及保费限额,于 2008 年 2 月 1 日起实施(即 2008 版费率)。不同类型车辆基础保费限额见表 2-2。

机动车交通事故责任强制保险费用限额(2008 版)　　　　表 2-2

车辆大类	序号	车辆小类	2008 版保费限额(元)
家庭自用车	1	家庭自用汽车 6 座以下	950
	2	家庭自用汽车 6 座以上	1100
非营业性客车	3	企业非营业性汽车 6 座以下	1000
	4	企业非营业性汽车 6～10 座	1130
	5	企业非营业性汽车 10～20 座	1220
	6	企业非营业性汽车 20 座以上	1270
	7	机关非营业性汽车 6 座以下	950
	8	机关非营业性汽车 6～10 座	1070
	9	机关非营业性汽车 10～20 座	1140
	10	机关非营业性汽车 20 座以上	1320
营业性客车	11	营业性出租租赁 6 座以下	1800
	12	营业性出租租赁 6～10 座	2360
	13	营业性出租租赁 10～20 座	2400
	14	营业性出租租赁 20～36 座	2560
	15	营业性出租租赁 36 座以上	3530
	16	营业性城市公交 6～10 座	2250
	17	营业性城市公交 10～20 座	2520
	18	营业性城市公交 20～36 座	3020
	19	营业性城市公交 36 座以上	3140
	20	营业性公路客运 6～10 座	2350
	21	营业性公路客运 10～20 座	2620
	22	营业性公路客运 20～36 座	3420
	23	营业性公路客运 36 座以上	4690
非营业性货车	24	非营业性货车 2 吨以下	1200
	25	非营业性货车 2～5 吨	1470
	26	非营业性货车 5～10 吨	1650
	27	非营业性货车 10 吨以上	2220
营业性货车	28	营业性货车 2 吨以下	1850
	29	营业性货车 2～5 吨	3070
	30	营业性货车 5～10 吨	3450
	31	营业性货车 10 吨以上	4480

续上表

车辆大类	序号	车辆小类	2008版保费限额(元)
特种车辆	32	特种车一	3710
	33	特种车二	2430
	34	特种车三	1080
	35	特种车四	3980
摩托车	36	摩托车50立方厘米及以下	80
	37	摩托车50～250立方厘米	120
	38	摩托车250立方厘米以上及侧三轮、正三轮	400
拖拉机	39	兼用型拖拉机14.7千瓦以下	按保监产险〔2007〕53号实行地区差别费率
	40	兼用型拖拉机14.7千瓦以上	
	41	运输型拖拉机14.7千瓦及以下	
	42	运输型拖拉机14.7千瓦以上	

注：1. 座位和吨位的分类都按照"含起点不含终点"的原则来解释。

2. 特种车一包括油罐车、气罐车、液罐车；特种车二包括专用净水车、除特种车一以外的罐式货车，以及用于清障、清扫、清洁、起重、装卸、升降、搅拌、挖掘、推土、冷藏、保温等的各种专用机动车；特种车三包括装有固定专用仪器设备从事专业工作的检测、消防、运钞、医疗、电视转播等的各种专用机动车；特种车四为集装箱拖头。

3. 挂车根据实际的使用性质并按照对应的吨位货车的30%计算。

4. 低速载货汽车参照运输型拖拉机14.7千瓦以上的费率执行。

2. 交强险费率浮动项目

设置交强险费率浮动的目的是利用费率杠杆的调节手段来提高驾驶人的道路交通安全意识，督促驾驶人安全行驶，以便有效地预防和减少道路交通安全事故的发生。机动车交通事故责任强制保险费率浮动项目详见表2-3。

机动车交通事故责任强制保险费率浮动项目　　　　表2-3

与费率浮动挂钩的分类	费率浮动形式	费率浮动项目内容
与道路交通安全违法行为相结合	费率上浮	上一保险年度驾驶人具有下列交通违法行为的，根据发生次数，调整费率一定比例： 1. 饮酒后驾驶机动车的； 2. 无证驾驶或机动车驾驶证被暂扣期间驾驶机动车的； 3. 机动车行驶超过规定时速的； 4. 造成交通事故后逃逸，尚不构成犯罪的； 5. 正常道路状况下，在高速公路上低于规定最低时速的； 6. 在高速公路上倒车、逆行、穿越中央分隔带掉头的； 7. 在高速公路上试车或学习驾驶机动车的； 8. 连续驾驶机动车超过4小时未停车休息或停车休息时间少于20分钟的； 9. 在高速公路上不按规定停车的； 10. 机动车在高速公路上发生故障、事故停车后，不按规定使用灯光或设置警告标志的； 11. 违反交通信号，闯红灯、闯禁灯的； 12. 驾驶和准驾车型不符的机动车的；

续上表

与费率浮动挂钩的分类	费率浮动形式	费率浮动项目内容
与道路交通安全违法行为相结合	费率上浮	13. 在高速公路上违反规定拖拽故障车、肇事车的； 14. 低能见度气象条件下在高速公路上不按规定行驶的； 15. 不按规定运载危险物品的； 16. 货车载物质量超过核定质量30%的； 17. 公路营运客车载客超过核定载客数20%以上的或者违反规定载货的
	费率下浮或不浮动	1. 上一保险年度未发生任何交通违法行为的，费率下浮一定比例； 2. 上一保险年度发生其他交通违法行为的，或发生违法行为次数达不到有关上浮标准的，既不上浮费率，也不下浮费率
与道路交通事故相结合	费率上浮	上一保险年度驾驶人具有下列交通事故的，根据事故次数费率上浮相应的比例（交通事故包括经公安机关交通管理部门认定的交通事故，以及虽未经公安机关交通管理部门认定，但保险人已经在交强险项下承担赔偿责任的事故）： 1. 发生涉及人伤的交通事故并负主要以上责任的； 2. 发生未涉及人伤的交通事故并负主要以上责任的； 3. 发生涉及人伤的交通事故并负同等责任的； 4. 发生未涉及人伤的交通事故并负同等责任的； 5. 发生涉及人伤的交通事故并负次要责任的； 6. 发生未涉及人伤的交通事故并负次要责任的
	费率下浮	上一保险年度、上两个保险年度或三个及以上保险年度未发生有责任交通事故的，费率下浮一定比例

3. "奖优罚劣"的费率

交强险从第二年开始实行"奖优罚劣"的费率浮动机制。该机制将交强险的费率水平与道路交通安全违法行为和道路交通事故挂钩，安全驾驶者可享受优惠费率，交通肇事者将承担高额保费。交强险费率浮动暂行办法考虑因素及浮动比例见表2-4。

交强险费率浮动暂行办法考虑因素及浮动比例　　　　　表2-4

		浮动因素	浮动比例
与道路交通事故相结合联系的浮动比率A	A1	上一个年度未发生有责任道路交通事故	-10%
	A2	上两个年度未发生有责任道路交通事故	-20%
	A3	上三个以及上年度未发生有责任道路交通事故	-30%
	A4	上一个年度发生一次有责任不涉及死亡的道路交通事故	0%
	A5	上一个年度发生两次及两次以上有责任的道路交通事故	10%
	A6	上一个年度发有责任道路交通死亡事故	30%

1）费率浮动时的注意事项

（1）与道路交通事故相联系的浮动比率A 为A1 至A6 其中之一，不累加。同时满足多个浮动因素的,按照向上浮动或者向下浮动比率的高者计算。

（2）仅发生无责任道路交通事故的,交强险费率仍可向下浮动。

（3）浮动因素计算区间为上期保单出单日至本期保单出单日。

（4）与道路交通事故相联系浮动时,应根据上年度交强险已赔付的赔案浮动。上年度发生赔案还未赔付的,本期交强险费率不浮动,直至赔付后的下一年度交强险费率向上浮动。

（5）交强险保单出单距离保单期最长不得超过三个月。

（6）除投保人明确表示不需要的,保险公司应在完成保险费计算后、出具保险单前,查询投保人交通事故记录。经投保人确认后,再出具交强险保单及保险标志。投保人有异议的,保险公司应告知其有关道路交通查询方式,详见表2-5。

道路交通查询方式　　　　　　　　　　　　　　　　表2-5

内　容		查询方式及违法行为
交通事故记录		交通事故记录向公安机关交通管理部门以及原签发保险单的保险公司查询
	第一类违法行为	1. 醉酒后驾驶机动车的; 2. 公路营运客车载客数超过核定载客数20%以上的; 3. 无证驾驶或机动车驾驶证被暂扣期间驾驶机动车的; 4. 机动车行驶超过规定时速50%的; 5. 造成交通事故后逃逸,尚不构成犯罪的
	第二类违法行为	1. 在正常道路状况下,在高速公路上低于规定最低速度行驶的; 2. 货车载物质量超过核定载载质量30%的; 3. 连续驾驶机动车超过4小时未停车休息或者停车休息时间少于20分钟的; 4. 饮酒后驾驶机动车的; 5. 在高速公路上倒车、逆行、穿越中央分隔线掉头的; 6. 在高速公路上试车和学习驾驶机动车的; 7. 在高速公路上不按规定停车的; 8. 车辆在高速公路上发生故障、事故后,不按规定使用灯光或设置警告标志的; 9. 违反交通信号,闯红灯、闯禁灯的
	第三类违法行为	1. 驾驶与准驾车型不符的机动车的; 2. 机动车超过规定时速50%以下的; 3. 在高速公路上违反规定拖拽故障车、肇事车的; 4. 低能见度气象条件下在高速公路上不按规定行驶的; 5. 不按规定运载危险物品的
交通违法信息		交通违法信息向公安机关交通管理部门查询

（7）已建立车险联合信息平台的地区,通过车险联合信息平台实现交强险费率浮动。除当地保险监管部门认可的特殊情形以外,机动车交通事故责任强制保险费率浮动告知书和交强险保单必须由车险联合信息平台出具。未建立车险联合信息平台的地区,通过保险公

司之间相互报盘、简易理赔共享查询系统或者手工方式等,实现交强险费率浮动。

2)几种特殊情况的交强险费率浮动方法

(1)首次投保交强险的机动车费率不浮动。

(2)在保险期限内,被保险机动车所有权转移,应当办理交强险合同变更手续,且费率不浮动。

(3)机动车临时上道路行驶或境外机动车临时入境投保短期交强险的,交强险费率不浮动。其他投保机动车短期交强险的,应根据交强险短期基准保险费计算,并按照上述标准浮动。

(4)被保险机动车经公安机关证实丢失后追回的,根据投保人提供的公安机关有关证明,在丢失期间发生道路交通事故的,交强险费率不向上浮动。

(5)机动车在上一期交强险保单期满后未及时续保的,浮动因素计算区间仍为上期保单出单日至本期保单出单日。

(6)在全国车险信息平台联网或全国信息交换前,机动车跨省变更投保地时,如果投保人能提供相关证明文件,可享受交强险费率向下浮动;不能提供的,交强险费率不动。

4. 交强险保费计算

1)一年期基础保费的计算

投保一年期机动车交通事故强制责任保险的,依照机动车交通事故强制责任保险基础费率表中相对应的金额确定基础费保费。

2)短期基础保费的计算

投保保险期间不足一年的机动车交通事故强制责任保险的,按短期费率系数计收保险费,不足一月的按一个月计算,计算公式如式(2-1):

$$短期基础保险费 = 年基础保险费 \times 短期月费率系数 \quad (2-1)$$

机动车交通事故强制责任保险的短期月费率系数见表2-6。

交强险短期月费率系数 表2-6

保险期间(月)	1	2	3	4	5	6	7	8	9	10	11	12
费率系数(%)	10	20	30	40	50	60	70	80	85	90	95	100

除国家法律、行政法规另有规定外,交强险合同的保险期间为一年,以保单载明的起止时间为准。但有下列情形之一的,投保人可以投保短期保险:

(1)临时入境的境外机动车。

(2)距报废期限不足一年的机动车。

(3)临时上道路行驶的机动车。

(4)保监会规定的其他情形。

3)保险费的计算方法

交强险最终保险费计算公式如式(2-2):

$$保险费 = 交强险基础保险费 \times (1 + 与道路交通事故相联系的浮动比率A) \quad (2-2)$$

案例 2-6

张女士的家庭自用奥迪轿车 2018 年 12 月 25 日保险到期,该车上两个年度未发生有责任道路交通事故,试计算该车本年度应缴纳的交强险保费。

案例分析

(1)根据已知信息,查表 2-2,可知该车交强险基础保险费为 950 元。

(2)根据已知信息,查表 2-4,可知该车交强险费率浮动比率 –20%。

(3)由式(2-2)可得,该车的最终保费为:

保险费 = 交强险基础保险费 × (1 + 与道路交通事故相联系的浮动比率 A)
= 950 × (1 – 20%) = 760(元)

即该车本年度应缴纳交强险保费 760 元。

案例 2-7

李先生的家庭自用别克轿车 2018 年 12 月 20 日保险到期,该车上两个年度未发生有责任道路交通事故,且距报废期还有 9 个月,试计算该车本年度交强险应缴多少保费?

案例分析

(1)根据已知信息,查表 2-2,可知该车交强险基础保险费为 950 元。

(2)根据已知信息,查表 2-6,可知交强险短期月费率系数为 85%。

(3)由式(2-1)可得,该车的最终保费为:

短期基础保险费 = 年基础保险费 × 短期月费率系数
= 950 × 0.85 = 807.5(元)

即该车本年度应缴纳交强险保费 807.5 元。

三、机动车商业保险

机动车商业保险是车主或企业投保了国家规定必保的机动车交强险外,根据各自需求,自愿投保商业保险公司的机动车商业险的险种。机动车商业保险险种分为主险和附加险两部分。主险是对车辆使用过程中大多数车辆使用者经常面临的风险给予保障,包括车辆损失险、第三者责任险、盗抢险、车上人员责任险;附加险是对主险保险责任的补充,它承保的一般是主险不予承保的自然灾害或意外事故。附加险不能单独承保,必须投保相应主险后才能承保。附加险包括车身划痕损失险、玻璃单独破碎险、自然损失险、发动机涉水损失险、指定修理厂险、新增加设备损失险、不计免赔特约条款等。保险公司经国务院保险监督管理机构批准,在我国可以经营机动车保险产品,机动车保险种类如图 2-3 所示。

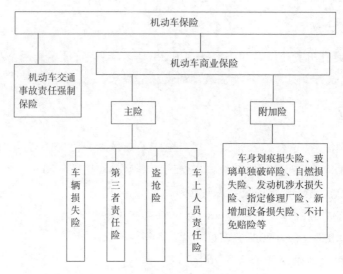

图 2-3 机动车保险种类

(一)机动车商业保险条款

1. 我国机动车商业保险条款的发展过程

为促进我国机动车保险业的发展,提高保险公司经营管理水平和服务质量,保监会宣布自 2003 年 1 月 1 日起,各保险公司可根据自身实际情况,自行制定并执行各自的机动车辆保险和费率,经保监会备案后,即可使用。

2006 年 7 月 1 日,我国开始实施由保险行业协会统一制定的 A、B、C 三套机动车商业保险基本条款。2007 年 2 月 27 日,保监会批复了中国保险行业协会申报的《中国保险行业协会关于申报车险 A、B、C 三款(2007 版)行业条款费率方案的请示》,并于同年 4 月 1 日起正式施行。作为保险行业的标准产品,A、B、C 三套条款的主险产品的保障范围、费率结构、费率水平及费率调节系数基本一致,但各保险公司的附加险各有特色,收费也有差异。它们最大的差别在于条款体例,A 款是分客户群、分车种、分险种的个性化险种产品体例;B 款是总和条款体例;C 款为分险种的条款体例。

为了不断丰富、完善我国商业车险条款,同时也为了规避风险,中国保险行业协会于 2014 年正式发布了《中国保险行业协会机动车综合商业保险示范条款》。

2.《中国保险行业协会机动车综合商业保险示范条款》

《中国保险行业协会机动车综合商业保险示范条款》由总则、主险、附加险、通用条款、释义等内容构成,其具体内容如下。

总　则

第一条　本保险条款分为主险、附加险。

主险包括机动车损失保险、机动车第三者责任保险、机动车车上人员责任保险、机动车全车盗抢保险共四个独立的险种,投保人可以选择投保全部险种,也可以选择投保其中部分险种。保险人依照本保险合同的约定,按照承保险种分别承担保险责任。

附加险不能独立投保。附加险条款与主险条款相抵触之处,以附加险条款为准,附加险条款未尽之处,以主险条款为准。

第二条　本保险合同中的被保险机动车是指在中华人民共和国境内(不含港、澳、台地区)行驶,以动力装置驱动或者牵引,上道路行驶的供人员乘用或者用于运送物品以及进行专项作业的轮式车辆(含挂车)、履带式车辆和其他运载工具,但不包括摩托车、拖拉机、特种车。

第三条　本保险合同中的第三者是指因被保险机动车发生意外事故遭受人身伤亡或者财产损失的人,但不包括被保险机动车本车车上人员、被保险人。

第四条　本保险合同中的车上人员是指发生意外事故的瞬间,在被保险机动车车体内或车体上的人员,包括正在上下车的人员。

第五条　本保险合同中的各方权利和义务,由保险人、投保人遵循公平原则协商确定。保险人、投保人自愿订立本保险合同。

除本保险合同另有约定外,投保人应在保险合同成立时一次交清保险费。保险费未交清前,本保险合同不生效。

第一章　机动车损失保险

保 险 责 任

第六条　保险期间内,被保险人或其允许的驾驶人在使用被保险机动车过程中,因下列原因造成被保险机动车的直接损失,且不属于免除保险人责任的范围,保险人依照本保险合同的约定负责赔偿:

(1)碰撞、倾覆、坠落。

(2)火灾、爆炸。

(3)外界物体坠落、倒塌。

(4)雷击、暴风、暴雨、洪水、龙卷风、冰雹、台风、热带风暴。

(5)地陷、崖崩、滑坡、泥石流、雪崩、冰陷、暴雪、冰凌、沙尘暴。

(6)受到被保险机动车所载货物、车上人员意外撞击。

(7)载运被保险机动车的渡船遭受自然灾害(只限于驾驶人随船的情形)。

第七条　发生保险事故时,被保险人或其允许的驾驶人为防止或者减少被保险机动车的损失所支付的必要的、合理的施救费用,由保险人承担;施救费用数额在被保险机动车损失赔偿金额以外另行计算,最高不超过保险金额的数额。

责 任 免 除

第八条　在上述保险责任范围内,下列情况下,不论任何原因造成被保险机动车的任何损失和费用,保险人均不负责赔偿:

(1) 事故发生后,被保险人或其允许的驾驶人故意破坏、伪造现场、毁灭证据。
(2) 驾驶人有下列情形之一者:
①事故发生后,在未依法采取措施的情况下驾驶被保险机动车或者遗弃被保险机动车离开事故现场。
②饮酒、吸食或注射毒品、服用国家管制的精神药品或者麻醉药品。
③无驾驶证,驾驶证被依法扣留、暂扣、吊销、注销期间。
④驾驶与驾驶证载明的准驾车型不相符合的机动车。
⑤实习期内驾驶公共汽车、营运客车或者执行任务的警车、载有危险物品的机动车或牵引挂车的机动车。
⑥驾驶出租机动车或营业性机动车无交通运输管理部门核发的许可证书或其他必备证书。
⑦学习驾驶时无合法教练员随车指导。
⑧非被保险人允许的驾驶人。
(3) 被保险机动车有下列情形之一者:
①发生保险事故时被保险机动车行驶证、号牌被注销的,或未按规定检验或检验不合格。
②被扣押、收缴、没收、政府征用期间。
③在竞赛、测试期间,在营业性场所维修、保养、改装期间。
④被保险人或其允许的驾驶人故意或重大过失,导致被保险机动车被利用从事犯罪行为。

第九条 下列原因导致的被保险机动车的损失和费用,保险人不负责赔偿:
(1) 地震及其次生灾害。
(2) 战争、军事冲突、恐怖活动、暴乱、污染(含放射性污染)、核反应、核辐射。
(3) 人工直接供油、高温烘烤、自燃、不明原因火灾。
(4) 违反安全装载规定。
(5) 被保险机动车被转让、改装、加装或改变使用性质等,被保险人、受让人未及时通知保险人,且因转让、改装、加装或改变使用性质等导致被保险机动车危险程度显著增加。
(6) 被保险人或其允许的驾驶人的故意行为。

第十条 下列损失和费用,保险人不负责赔偿:
(1) 因市场价格变动造成的贬值、修理后因价值降低引起的减值损失。
(2) 自然磨损、朽蚀、腐蚀、故障、本身质量缺陷。
(3) 遭受保险责任范围内的损失后,未经必要修理并检验合格继续使用,致使损失扩大的部分。
(4) 投保人、被保险人或其允许的驾驶人知道保险事故发生后,故意或者因重大过失未及时通知,致使保险事故的性质、原因、损失程度等难以确定的,保险人对无法确定的部分,不承担赔偿责任,但保险人通过其他途径已经及时知道或者应当及时知道保险事故发生的除外。

(5)因被保险人违反本条款第十六条约定,导致无法确定的损失。

(6)被保险机动车全车被盗窃、被抢劫、被抢夺、下落不明,以及在此期间受到的损坏,或被盗窃、被抢劫、被抢夺未遂受到的损坏,或车上零部件、附属设备丢失。

(7)车轮单独损坏,玻璃单独破碎,无明显碰撞痕迹的车身划痕,以及新增设备的损失。

(8)发动机进水后导致的发动机损坏。

免赔率与免赔额

第十一条 保险人在依据本保险合同约定计算赔款的基础上,按照下列方式免赔:

(1)被保险机动车一方负次要事故责任的,实行5%的事故责任免赔率;负同等事故责任的,实行10%的事故责任免赔率;负主要事故责任的,实行15%的事故责任免赔率;负全部事故责任或单方肇事事故的,实行20%的事故责任免赔率。

(2)被保险机动车的损失应当由第三方负责赔偿,无法找到第三方的,实行30%的绝对免赔率。

(3)违反安全装载规定、但不是事故发生的直接原因的,增加10%的绝对免赔率。

(4)对于投保人与保险人在投保时协商确定绝对免赔额的,本保险在实行免赔率的基础上增加每次事故绝对免赔额。

保险金额

第十二条 保险金额按投保时被保险机动车的实际价值确定。

投保时被保险机动车的实际价值由投保人与保险人根据投保时的新车购置价减去折旧金额后的价格协商确定或其他市场公允价值协商确定。

折旧金额可根据本保险合同列明的参考折旧系数表确定。

赔偿处理

第十三条 发生保险事故时,被保险人或其允许的驾驶人应当及时采取合理的、必要的施救和保护措施,防止或者减少损失,并在保险事故发生后48小时内通知保险人。被保险人或其允许的驾驶人根据有关法律法规规定选择自行协商方式处理交通事故的,应当立即通知保险人。

第十四条 被保险人或其允许的驾驶人根据有关法律法规规定选择自行协商方式处理交通事故的,应当协助保险人勘验事故各方车辆、核实事故责任,并依照《道路交通事故处理程序规定》签订记录交通事故情况的协议书。

第十五条 被保险人索赔时,应当向保险人提供与确认保险事故的性质、原因、损失程度等有关的证明和资料。

被保险人应当提供保险单、损失清单、有关费用单据、被保险机动车行驶证和发生事故时驾驶人的驾驶证。

属于道路交通事故的,被保险人应当提供公安机关交通管理部门或法院等机构出具的事故证明、有关的法律文书(判决书、调解书、裁定书、裁决书等)及其他证明。被保险人或其允许的驾驶人根据有关法律法规规定选择自行协商方式处理交通事故的,被保险人应当提供依照《道路交通事故处理程序规定》签订记录交通事故情况的协议书。

第十六条　因保险事故损坏的被保险机动车,应当尽量修复。修理前被保险人应当会同保险人检验,协商确定修理项目、方式和费用。对未协商确定的,保险人可以重新核定。

第十七条　被保险机动车遭受损失后的残余部分由保险人、被保险人协商处理。如折归被保险人的,由双方协商确定其价值并在赔款中扣除。

第十八条　因第三方对被保险机动车的损害而造成保险事故,被保险人向第三方索赔的,保险人应积极协助;被保险人也可以直接向本保险人索赔,保险人在保险金额内先行赔付被保险人,并在赔偿金额内代位行使被保险人对第三方请求赔偿的权利。

被保险人已经从第三方取得损害赔偿的,保险人进行赔偿时,相应扣减被保险人从第三方已取得的赔偿金额。

保险人未赔偿之前,被保险人放弃对第三方请求赔偿的权利的,保险人不承担赔偿责任。

被保险人故意或者因重大过失致使保险人不能行使代位请求赔偿的权利的,保险人可以扣减或者要求返还相应的赔款。

保险人向被保险人先行赔付的,保险人向第三方行使代位请求赔偿的权利时,被保险人应当向保险人提供必要的文件和所知道的有关情况。

第十九条　机动车损失赔款按以下方法计算:

(1)全部损失。

赔款 = (保险金额 − 被保险人已从第三方获得的赔偿金额) × (1 − 事故责任免赔率) × (1 − 绝对免赔率之和) − 绝对免赔额

(2)部分损失。

被保险机动车发生部分损失,保险人按实际修复费用在保险金额内计算赔偿:

赔款 = (实际修复费用 − 被保险人已从第三方获得的赔偿金额) × (1 − 事故责任免赔率) × (1 − 绝对免赔率之和) − 绝对免赔额

(3)施救费。

施救的财产中,含有本保险合同未保险的财产,应按本保险合同保险财产的实际价值占总施救财产的实际价值比例分摊施救费用。

第二十条　保险人受理报案、现场查勘、核定损失、参与诉讼、进行抗辩、要求被保险人提供证明和资料、向被保险人提供专业建议等行为,均不构成保险人对赔偿责任的承诺。

第二十一条 被保险机动车发生本保险事故,导致全部损失,或一次赔款金额与免赔金额之和(不含施救费)达到保险金额,保险人按本保险合同约定支付赔款后,本保险责任终止,保险人不退还机动车损失保险及其附加险的保险费。

第二章　机动车第三者责任保险

保 险 责 任

第二十二条 保险期间内,被保险人或其允许的驾驶人在使用被保险机动车过程中发生意外事故,致使第三者遭受人身伤亡或财产直接损毁,依法应当对第三者承担的损害赔偿责任,且不属于免除保险人责任的范围,保险人依照本保险合同的约定,对于超过机动车交通事故责任强制保险各分项赔偿限额的部分负责赔偿。

第二十三条 保险人依据被保险机动车一方在事故中所负的事故责任比例,承担相应的赔偿责任。

被保险人或被保险机动车一方根据有关法律法规规定选择自行协商或由公安机关交通管理部门处理事故未确定事故责任比例的,按照下列规定确定事故责任比例:

被保险机动车一方负主要事故责任的,事故责任比例为70%;

被保险机动车一方负同等事故责任的,事故责任比例为50%;

被保险机动车一方负次要事故责任的,事故责任比例为30%。

涉及司法或仲裁程序的,以法院或仲裁机构最终生效的法律文书为准。

责 任 免 除

第二十四条 在上述保险责任范围内,下列情况下,不论任何原因造成的人身伤亡、财产损失和费用,保险人均不负责赔偿:

(1)事故发生后,被保险人或其允许的驾驶人故意破坏、伪造现场、毁灭证据。

(2)驾驶人有下列情形之一者:

①事故发生后,在未依法采取措施的情况下驾驶被保险机动车或者遗弃被保险机动车离开事故现场。

②饮酒、吸食或注射毒品、服用国家管制的精神药品或者麻醉药品。

③无驾驶证,驾驶证被依法扣留、暂扣、吊销、注销期间。

④驾驶与驾驶证载明的准驾车型不相符合的机动车。

⑤实习期内驾驶公共汽车、营运客车或者执行任务的警车、载有危险物品的机动车或牵引挂车的机动车。

⑥驾驶出租机动车或营业性机动车无交通运输管理部门核发的许可证书或其他必备证书。

⑦学习驾驶时无合法教练员随车指导。

⑧非被保险人允许的驾驶人。

(3) 被保险机动车有下列情形之一者：

① 发生保险事故时被保险机动车行驶证、号牌被注销的，或未按规定检验或检验不合格。

② 被扣押、收缴、没收、政府征用期间。

③ 在竞赛、测试期间，在营业性场所维修、保养、改装期间。

④ 全车被盗窃、被抢劫、被抢夺、下落不明期间。

第二十五条　下列原因导致的人身伤亡、财产损失和费用，保险人不负责赔偿：

(1) 地震及其次生灾害、战争、军事冲突、恐怖活动、暴乱、污染（含放射性污染）、核反应、核辐射。

(2) 第三者、被保险人或其允许的驾驶人的故意行为、犯罪行为，第三者与被保险人或其他致害人恶意串通的行为。

(3) 被保险机动车被转让、改装、加装或改变使用性质等，被保险人、受让人未及时通知保险人，且因转让、改装、加装或改变使用性质等导致被保险机动车危险程度显著增加。

第二十六条　下列人身伤亡、财产损失和费用，保险人不负责赔偿：

(1) 被保险机动车发生意外事故，致使任何单位或个人停业、停驶、停电、停水、停气、停产、通信或网络中断、电压变化、数据丢失造成的损失以及其他各种间接损失。

(2) 第三者财产因市场价格变动造成的贬值，修理后因价值降低引起的减值损失。

(3) 被保险人及其家庭成员、被保险人允许的驾驶人及其家庭成员所有、承租、使用、管理、运输或代管的财产的损失，以及本车上财产的损失。

(4) 被保险人、被保险人允许的驾驶人、本车车上人员的人身伤亡。

(5) 停车费、保管费、扣车费、罚款、罚金或惩罚性赔款。

(6) 超出《道路交通事故受伤人员临床诊疗指南》和国家基本医疗保险同类医疗费用标准的费用部分。

(7) 律师费，未经保险人事先书面同意的诉讼费、仲裁费。

(8) 投保人、被保险人或其允许的驾驶人知道保险事故发生后，故意或者因重大过失未及时通知，致使保险事故的性质、原因、损失程度等难以确定的，保险人对无法确定的部分，不承担赔偿责任，但保险人通过其他途径已经及时知道或者应当及时知道保险事故发生的除外。

(9) 因被保险人违反本条款第三十四条约定，导致无法确定的损失。

(10) 精神损害抚慰金。

(11) 应当由机动车交通事故责任强制保险赔偿的损失和费用。

保险事故发生时，被保险机动车未投保机动车交通事故责任强制保险或机动车交通事故责任强制保险合同已经失效的，对于机动车交通事故责任强制保险责任限额以内的损失和费用，保险人不负责赔偿。

免　赔　率

第二十七条　保险人在依据本保险合同约定计算赔款的基础上，在保险单载明的责任

限额内,按照下列方式免赔:

(1)被保险机动车一方负次要事故责任的,实行5%的事故责任免赔率;负同等事故责任的,实行10%的事故责任免赔率;负主要事故责任的,实行15%的事故责任免赔率;负全部事故责任的,实行20%的事故责任免赔率。

(2)违反安全装载规定的,实行10%的绝对免赔率。

责 任 限 额

第二十八条 每次事故的责任限额,由投保人和保险人在签订本保险合同时协商确定。

第二十九条 主车和挂车连接使用时视为一体,发生保险事故时,由主车保险人和挂车保险人按照保险单上载明的机动车第三者责任保险责任限额的比例,在各自的责任限额内承担赔偿责任,但赔偿金额总和以主车的责任限额为限。

赔 偿 处 理

第三十条 发生保险事故时,被保险人或其允许的驾驶人应当及时采取合理的、必要的施救和保护措施,防止或者减少损失,并在保险事故发生后48小时内通知保险人。被保险人或其允许的驾驶人根据有关法律法规规定选择自行协商方式处理交通事故的,应当立即通知保险人。

第三十一条 被保险人或其允许的驾驶人根据有关法律法规规定选择自行协商方式处理交通事故的,应当协助保险人勘验事故各方车辆、核实事故责任,并依照《道路交通事故处理程序规定》签订记录交通事故情况的协议书。

第三十二条 被保险人索赔时,应当向保险人提供与确认保险事故的性质、原因、损失程度等有关的证明和资料。

被保险人应当提供保险单、损失清单、有关费用单据、被保险机动车行驶证和发生事故时驾驶人的驾驶证。

属于道路交通事故的,被保险人应当提供公安机关交通管理部门或法院等机构出具的事故证明、有关的法律文书(判决书、调解书、裁定书、裁决书等)及其他证明。被保险人或其允许的驾驶人根据有关法律法规规定选择自行协商方式处理交通事故的,被保险人应当提供依照《道路交通事故处理程序规定》签订记录交通事故情况的协议书。

第三十三条 保险人对被保险人给第三者造成的损害,可以直接向该第三者赔偿。

被保险人给第三者造成损害,被保险人对第三者应负的赔偿责任确定的,根据被保险人的请求,保险人应当直接向该第三者赔偿。被保险人怠于请求的,第三者有权就其应获赔偿部分直接向保险人请求赔偿。

被保险人给第三者造成损害,被保险人未向该第三者赔偿的,保险人不得向被保险人赔偿。

第三十四条 因保险事故损坏的第三者财产,应当尽量修复。修理前被保险人应当会同保险人检验,协商确定修理项目、方式和费用。对未协商确定的,保险人可以重新核定。

第三十五条 赔款计算：

(1) 当(依合同约定核定的第三者损失金额－机动车交通事故责任强制保险的分项赔偿限额)×事故责任比例的结果大于等于每次事故赔偿限额时：

赔款＝每次事故赔偿限额×(1－事故责任免赔率)×(1－绝对免赔率之和)

(2) 当(依合同约定核定的第三者损失金额－机动车交通事故责任强制保险的分项赔偿限额)×事故责任比例的结果小于每次事故赔偿限额时：

赔款＝(依合同约定核定的第三者损失金额－机动车交通事故责任强制保险的分项赔偿限额)×事故责任比例×(1－事故责任免赔率)×(1－绝对免赔率之和)

第三十六条 保险人按照《道路交通事故受伤人员临床诊疗指南》和国家基本医疗保险的同类医疗费用标准核定医疗费用的赔偿金额。

未经保险人书面同意，被保险人自行承诺或支付的赔偿金额，保险人有权重新核定。不属于保险人赔偿范围或超出保险人应赔偿金额的，保险人不承担赔偿责任。

第三十七条 保险人受理报案、现场查勘、核定损失、参与诉讼、进行抗辩、要求被保险人提供证明和资料、向被保险人提供专业建议等行为，均不构成保险人对赔偿责任的承诺。

第三章　机动车车上人员责任保险

保 险 责 任

第三十八条 保险期间内，被保险人或其允许的驾驶人在使用被保险机动车过程中发生意外事故，致使车上人员遭受人身伤亡，且不属于免除保险人责任的范围，依法应当对车上人员承担的损害赔偿责任，保险人依照本保险合同的约定负责赔偿。

第三十九条 保险人依据被保险机动车一方在事故中所负的事故责任比例，承担相应的赔偿责任。

被保险人或被保险机动车一方根据有关法律法规规定选择自行协商或由公安机关交通管理部门处理事故未确定事故责任比例的，按照下列规定确定事故责任比例：

被保险机动车一方负主要事故责任的，事故责任比例为70％；

被保险机动车一方负同等事故责任的，事故责任比例为50％；

被保险机动车一方负次要事故责任的，事故责任比例为30％。

涉及司法或仲裁程序的，以法院或仲裁机构最终生效的法律文书为准。

责 任 免 除

第四十条 在上述保险责任范围内，下列情况下，不论任何原因造成的人身伤亡，保险人均不负责赔偿：

(1) 事故发生后，被保险人或其允许的驾驶人故意破坏、伪造现场、毁灭证据。

(2) 驾驶人有下列情形之一者：

①事故发生后,在未依法采取措施的情况下驾驶被保险机动车或者遗弃被保险机动车离开事故现场。

②饮酒、吸食或注射毒品、服用国家管制的精神药品或者麻醉药品。

③无驾驶证,驾驶证被依法扣留、暂扣、吊销、注销期间。

④驾驶与驾驶证载明的准驾车型不相符合的机动车。

⑤实习期内驾驶公共汽车、营运客车或者执行任务的警车、载有危险物品的机动车或牵引挂车的机动车。

⑥驾驶出租机动车或营业性机动车无交通运输管理部门核发的许可证书或其他必备证书。

⑦学习驾驶时无合法教练员随车指导。

⑧非被保险人允许的驾驶人。

(3) 被保险机动车有下列情形之一者:

①发生保险事故时被保险机动车行驶证、号牌被注销的,或未按规定检验或检验不合格。

②被扣押、收缴、没收、政府征用期间。

③在竞赛、测试期间,在营业性场所维修、保养、改装期间。

④全车被盗窃、被抢劫、被抢夺、下落不明期间。

第四十一条 下列原因导致的人身伤亡,保险人不负责赔偿:

(1) 地震及其次生灾害、战争、军事冲突、恐怖活动、暴乱、污染(含放射性污染)、核反应、核辐射。

(2) 被保险机动车被转让、改装、加装或改变使用性质等,被保险人、受让人未及时通知保险人,且因转让、改装、加装或改变使用性质等导致被保险机动车危险程度显著增加。

(3) 被保险人或驾驶人的故意行为。

第四十二条 下列人身伤亡、损失和费用,保险人不负责赔偿:

(1) 被保险人及驾驶人以外的其他车上人员的故意行为造成的自身伤亡。

(2) 车上人员因疾病、分娩、自残、斗殴、自杀、犯罪行为造成的自身伤亡。

(3) 违法、违章搭乘人员的人身伤亡。

(4) 罚款、罚金或惩罚性赔款。

(5) 超出《道路交通事故受伤人员临床诊疗指南》和国家基本医疗保险同类医疗费用标准的费用部分。

(6) 律师费,未经保险人事先书面同意的诉讼费、仲裁费。

(7) 投保人、被保险人或其允许的驾驶人知道保险事故发生后,故意或者因重大过失未及时通知,致使保险事故的性质、原因、损失程度等难以确定的,保险人对无法确定的部分,不承担赔偿责任,但保险人通过其他途径已经及时知道或者应当及时知道保险事故发生的除外。

(8)精神损害抚慰金。

(9)应当由机动车交通事故责任强制保险赔付的损失和费用。

免 赔 率

第四十三条 保险人在依据本保险合同约定计算赔款的基础上,在保险单载明的责任限额内,按照下列方式免赔:

被保险机动车一方负次要事故责任的,实行5%的事故责任免赔率;负同等事故责任的,实行10%的事故责任免赔率;负主要事故责任的,实行15%的事故责任免赔率;负全部事故责任或单方肇事事故的,实行20%的事故责任免赔率。

责 任 限 额

第四十四条 驾驶人每次事故责任限额和乘客每次事故每人责任限额由投保人和保险人在投保时协商确定。投保乘客座位数按照被保险机动车的核定载客数(驾驶人座位除外)确定。

赔 偿 处 理

第四十五条 发生保险事故时,被保险人或其允许的驾驶人应当及时采取合理的、必要的施救和保护措施,防止或者减少损失,并在保险事故发生后48小时内通知保险人。被保险人或其允许的驾驶人根据有关法律法规规定选择自行协商方式处理交通事故的,应当立即通知保险人。

第四十六条 被保险人或其允许的驾驶人根据有关法律法规规定选择自行协商方式处理交通事故的,应当协助保险人勘验事故各方车辆、核实事故责任,并依照《道路交通事故处理程序规定》签订记录交通事故情况的协议书。

第四十七条 被保险人索赔时,应当向保险人提供与确认保险事故的性质、原因、损失程度等有关的证明和资料。

被保险人应当提供保险单、损失清单、有关费用单据、被保险机动车行驶证和发生事故时驾驶人的驾驶证。

属于道路交通事故的,被保险人应当提供公安机关交通管理部门或法院等机构出具的事故证明、有关的法律文书(判决书、调解书、裁定书、裁决书等)和通过机动车交通事故责任强制保险获得赔偿金额的证明材料。被保险人或其允许的驾驶人根据有关法律法规规定选择自行协商方式处理交通事故的,被保险人应当提供依照《道路交通事故处理程序规定》签订记录交通事故情况的协议书和通过机动车交通事故责任强制保险获得赔偿金额的证明材料。

第四十八条 赔款计算:

(1)对每座的受害人,当(依合同约定核定的每座车上人员人身伤亡损失金额-应由机动车交通事故责任强制保险赔偿的金额)×事故责任比例的结果大于等于每次事故每座赔偿限额时：

$$赔款 = 每次事故每座赔偿限额 \times (1 - 事故责任免赔率)$$

(2)对每座的受害人,当(依合同约定核定的每座车上人员人身伤亡损失金额 – 应由机动车交通事故责任强制保险赔偿的金额) × 事故责任比例的结果小于每次事故每座赔偿限额时：

$$赔款 = (依合同约定核定的每座车上人员人身伤亡损失金额 – 应由机动车交通事故责任强制保险赔偿的金额) \times 事故责任比例 \times (1 - 事故责任免赔率)$$

第四十九条　保险人按照《道路交通事故受伤人员临床诊疗指南》和国家基本医疗保险的同类医疗费用标准核定医疗费用的赔偿金额。

未经保险人书面同意,被保险人自行承诺或支付的赔偿金额,保险人有权重新核定。因被保险人原因导致损失金额无法确定的,保险人有权拒绝赔偿。

第五十条　保险人受理报案、现场查勘、核定损失、参与诉讼、进行抗辩、要求被保险人提供证明和资料、向被保险人提供专业建议等行为,均不构成保险人对赔偿责任的承诺。

第四章　机动车全车盗抢保险

保 险 责 任

第五十一条　保险期间内,被保险机动车的下列损失和费用,且不属于免除保险人责任的范围,保险人依照本保险合同的约定负责赔偿：

(1)被保险机动车被盗窃、抢劫、抢夺,经出险当地县级以上公安刑侦部门立案证明,满60天未查明下落的全车损失。

(2)被保险机动车全车被盗窃、抢劫、抢夺后,受到损坏或车上零部件、附属设备丢失需要修复的合理费用。

(3)被保险机动车在被抢劫、抢夺过程中,受到损坏需要修复的合理费用。

责 任 免 除

第五十二条　在上述保险责任范围内,下列情况下,不论任何原因造成被保险机动车的任何损失和费用,保险人均不负责赔偿：

(1)被保险人索赔时未能提供出险当地县级以上公安刑侦部门出具的盗抢立案证明。

(2)驾驶人、被保险人、投保人故意破坏现场、伪造现场、毁灭证据。

(3)被保险机动车被扣押、罚没、查封、政府征用期间。

(4)被保险机动车在竞赛、测试期间,在营业性场所维修、保养、改装期间,被运输期间。

第五十三条　下列损失和费用,保险人不负责赔偿：

(1)地震及其次生灾害导致的损失和费用。

(2) 战争、军事冲突、恐怖活动、暴乱导致的损失和费用。

(3) 因诈骗引起的任何损失。因投保人、被保险人与他人的民事、经济纠纷导致的任何损失。

(4) 被保险人或其允许的驾驶人的故意行为、犯罪行为导致的损失和费用。

(5) 非全车遭盗窃,仅车上零部件或附属设备被盗窃或损坏。

(6) 新增设备的损失。

(7) 遭受保险责任范围内的损失后,未经必要修理并检验合格继续使用,致使损失扩大的部分。

(8) 被保险机动车被转让、改装、加装或改变使用性质等,被保险人、受让人未及时通知保险人,且因转让、改装、加装或改变使用性质导致被保险机动车危险程度显著增加而发生保险事故。

(9) 投保人、被保险人或其允许的驾驶人知道保险事故发生后,故意或者因重大过失未及时通知,致使保险事故的性质、原因、损失程度等难以确定的,保险人对无法确定的部分,不承担赔偿责任,但保险人通过其他途径已经及时知道或者应当及时知道保险事故发生的除外。

(10) 因被保险人违反本条款第五十八条约定,导致无法确定的损失。

免 赔 率

第五十四条 保险人在依据本保险合同约定计算赔款的基础上,按照下列方式免赔:

(1) 发生全车损失的,绝对免赔率为20%。

(2) 发生全车损失,被保险人未能提供《机动车登记证书》、机动车来历凭证的,每缺少一项,增加1%的绝对免赔率。

保 险 金 额

第五十五条 保险金额在投保时被保险机动车的实际价值内协商确定。

投保时被保险机动车的实际价值由投保人与保险人根据投保时的新车购置价减去折旧金额后的价格协商确定或其他市场公允价值协商确定。

折旧金额可根据本保险合同列明的参考折旧系数表确定。

赔 偿 处 理

第五十六条 被保险机动车全车被盗抢的,被保险人知道保险事故发生后,应在24小时内向出险当地公安刑侦部门报案,并通知保险人。

第五十七条 被保险人索赔时,须提供保险单、损失清单、有关费用单据、《机动车登记证书》、机动车来历凭证以及出险当地县级以上公安刑侦部门出具的盗抢立案证明。

第五十八条　因保险事故损坏的被保险机动车,应当尽量修复。修理前被保险人应当会同保险人检验,协商确定修理项目、方式和费用。对未协商确定的,保险人可以重新核定。

第五十九条　保险人按下列方式赔偿:
(1)被保险机动车全车被盗抢的,按以下方法计算赔款:

$$赔款 = 保险金额 \times (1 - 绝对免赔率之和)$$

(2)被保险机动车发生本条款第五十一条第(1)款、第(2)款列明的损失,保险人按实际修复费用在保险金额内计算赔偿。

第六十条　保险人确认索赔单证齐全、有效后,被保险人签具权益转让书,保险人赔付结案。

第六十一条　被保险机动车发生本保险事故,导致全部损失,或一次赔款金额与免赔金额之和达到保险金额,保险人按本保险合同约定支付赔款后,本保险责任终止,保险人不退还机动车全车盗抢保险及其附加险的保险费。

第五章　通用条款

保险期间

第六十二条　除另有约定外,保险期间为一年,以保险单载明的起讫时间为准。

其他事项

第六十三条　保险人按照本保险合同的约定,认为被保险人索赔提供的有关证明和资料不完整的,应当及时一次性通知被保险人补充提供。

第六十四条　保险人收到被保险人的赔偿请求后,应当及时作出核定。情形复杂的,应当在30日内作出核定。保险人应当将核定结果通知被保险人。对属于保险责任的,在与被保险人达成赔偿协议后10日内,履行赔偿义务。保险合同对赔偿期限另有约定的,保险人应当按照约定履行赔偿义务。

保险人未及时履行前款约定义务的,除支付赔款外,应当赔偿被保险人因此受到的损失。

第六十五条　保险人依照本条款第六十四条的约定作出核定后,对不属于保险责任的,应当自作出核定之日起3日内向被保险人发出拒绝赔偿通知书,并说明理由。

第六十六条　保险人自收到赔偿请求和有关证明、资料之日起60日内,对其赔偿数额不能确定的,应当根据已有证明和资料可以确定的数额先予支付。保险人最终确定赔偿数额后,应当支付相应的差额。

第六十七条　在保险期间内,被保险机动车转让他人的,受让人承继被保险人的权利和义务。被保险人或者受让人应当及时通知保险人,并及时办理保险合同变更手续。

因被保险机动车转让导致被保险机动车危险程度发生显著变化的,保险人自收到前款约定的通知之日起30日内,可以相应调整保险费或者解除本保险合同。

第六十八条 保险责任开始前,投保人要求解除本保险合同的,应当向保险人支付应交保险费金额3%的退保手续费,保险人应当退还保险费。

保险责任开始后,投保人要求解除本保险合同的,自通知保险人之日起,本保险合同解除。保险人按日收取自保险责任开始之日起至合同解除之日止期间的保险费,并退还剩余部分保险费。

第六十九条 因履行本保险合同发生的争议,由当事人协商解决,协商不成的,由当事人从下列两种合同争议解决方式中选择一种,并在本保险合同中载明:

(1)提交保险单载明的仲裁委员会仲裁。

(2)依法向人民法院起诉。

本保险合同适用中华人民共和国法律(港、澳、台地区不适用)。

附 加 险

附加险条款的法律效力优于主险条款。附加险条款未尽事宜,以主险条款为准。除附加险条款另有约定外,主险中的责任免除、免赔规则、双方义务同样适用于附加险。本条款附加险有玻璃单独破碎险、自燃损失险、新增加设备损失险、车身划痕损失险、发动机涉水损失险、修理期间费用补偿险、车上货物责任险、精神损害抚慰金责任险、不计免赔率险、机动车损失保险无法找到第三方特约险、指定修理厂险。

(1)玻璃单独破碎险。

投保了机动车损失保险的机动车,可投保本附加险。

第一条 保险责任。

保险期间内,被保险机动车风挡玻璃或车窗玻璃的单独破碎,保险人按实际损失金额赔偿。

第二条 投保方式。

投保人与保险人可协商选择按进口或国产玻璃投保。保险人根据协商选择的投保方式承担相应的赔偿责任。

第三条 责任免除。

安装、维修机动车过程中造成的玻璃单独破碎。

第四条 本附加险不适用主险中的各项免赔率、免赔额约定。

(2)自燃损失险。

投保了机动车损失保险的机动车,可投保本附加险。

第一条 保险责任。

①保险期间内,指在没有外界火源的情况下,由于本车电器、线路、供油系统、供气系统等被保险机动车自身原因或所载货物自身原因起火燃烧造成本车的损失。

②发生保险事故时,被保险人为防止或者减少被保险机动车的损失所支付的必要的、合

理的施救费用,由保险人承担。施救费用数额在被保险机动车损失赔偿金额以外另行计算,最高不超过本附加险保险金额的数额。

第二条　责任免除。

①自燃仅造成电器、线路、油路、供油系统、供气系统的损失。

②由于擅自改装、加装电器及设备导致被保险机动车起火造成的损失。

③被保险人在使用被保险机动车过程中,因人工直接供油、高温烘烤等违反车辆安全操作规则造成的损失。

④本附加险每次赔偿实行20%的绝对免赔率,不适用主险中的各项免赔率、免赔额约定。

第三条　保险金额。

保险金额由投保人和保险人在投保时被保险机动车的实际价值内协商确定。

第四条　赔偿处理。

全部损失,在保险金额内计算赔偿。部分损失,在保险金额内按实际修理费用计算赔偿。

(3)新增加设备损失险。

投保了机动车损失保险的机动车,可投保本附加险。

第一条　保险责任。

保险期间内,投保了本附加险的被保险机动车因发生机动车损失保险责任范围内的事故,造成车上新增加设备的直接损毁,保险人在保险单载明的本附加险的保险金额内,按照实际损失计算赔偿。

第二条　责任免除。

本附加险每次赔偿的免赔约定以机动车损失保险条款约定为准。

第三条　保险金额。

保险金额根据新增加设备投保时的实际价值确定。新增加设备的实际价值是指新增加设备的购置价减去折旧金额后的金额。

(4)车身划痕损失险。

投保了机动车损失保险的机动车,可投保本附加险。

第一条　保险责任。

保险期间内,投保了本附加险的机动车在被保险人或其允许的驾驶人使用过程中,发生无明显碰撞痕迹的车身划痕损失,保险人按照保险合同约定负责赔偿。

第二条　责任免除。

①被保险人及其家庭成员、驾驶人及其家庭成员的故意行为造成的损失。

②因投保人、被保险人与他人的民事、经济纠纷导致的任何损失。

③车身表面自然老化、损坏,腐蚀造成的任何损失。

④本附加险每次赔偿实行15%的绝对免赔率,不适用主险中的各项免赔率、免赔额约定。

第三条 保险金额。

保险金额为2000元、5000元、10000元或20000元,由投保人和保险人在投保时协商确定。

第四条 赔偿处理。

①在保险金额内按实际修理费用计算赔偿。

②在保险期间内,累计赔款金额达到保险金额,本附加险保险责任终止。

(5)发动机涉水损失险。

本附加险仅适用于家庭自用汽车,党政机关、事业团体用车,企业非营业用车,且只有在投保了机动车损失保险后,方可投保本附加险。

第一条 保险责任。

保险期间内,投保了本附加险的被保险机动车在使用过程中,因发动机进水后导致的发动机的直接损毁,保险人负责赔偿。

发生保险事故时,被保险人为防止或者减少被保险机动车的损失所支付的必要的、合理的施救费用,由保险人承担。施救费用数额在被保险机动车损失赔偿金额以外另行计算,最高不超过保险金额的数额。

第二条 责任免除。

本附加险每次赔偿均实行15%的绝对免赔率,不适用主险中的各项免赔率、免赔额约定。

第三条 赔偿处理。

发生保险事故时,保险人在保险金额内计算赔偿。

(6)修理期间费用补偿险。

只有在投保了机动车损失保险的基础上方可投保本附加险,机动车损失保险责任终止时,本保险责任同时终止。

第一条 保险责任。

保险期间内,投保了本条款的机动车在使用过程中,发生机动车损失保险责任范围内的事故,造成车身损毁,致使被保险机动车停驶,保险人按保险合同约定,在保险金额内向被保险人补偿修理期间费用,作为代步车费用或弥补停驶损失。

第二条 责任免除。

下列情况下,保险人不承担修理期间费用补偿:

①因机动车损失保险责任范围以外的事故而致被保险机动车的损毁或修理。

②非在保险人认可的修理厂修理时,因车辆修理质量不合要求造成返修。

③被保险人或驾驶人拖延车辆送修期间。

④本附加险每次事故的绝对免赔额为1日的赔偿金额,不适用主险中的各项免赔率、免赔额约定。

第三条 保险金额。

本附加险保险金额=补偿天数×日补偿金额。补偿天数及日补偿金额由投保人与保险人协商确定并在保险合同中载明,保险期间内约定的补偿天数最高不超过90日。

第四条 赔偿处理。

全车损失,按保险单载明的保险金额计算赔偿。部分损失,在保险金额内按约定的日赔偿金额乘以从送修之日起至修复之日止的实际天数计算赔偿,实际天数超过双方约定修理天数的,以双方约定的修理天数为准。

保险期间内,累计赔款金额达到保险单载明的保险金额,本附加险保险责任终止。

(7) 车上货物责任险。

投保了机动车第三者责任保险的机动车,可投保本附加险。

第一条 保险责任。

保险期间内,发生意外事故致使被保险机动车所载货物遭受直接损毁,依法应由被保险人承担的损害赔偿责任,保险人负责赔偿。

第二条 责任免除。

①偷盗、哄抢、自然损耗、本身缺陷、短少、死亡、腐烂、变质、串味、生锈、动物走失、飞失、货物自身起火燃烧或爆炸造成的货物损失。

②违法、违章载运造成的损失。

③因包装、紧固不善,装载、遮盖不当导致的任何损失。

④车上人员携带的私人物品的损失。

⑤保险事故导致的货物减值、运输延迟、营业损失及其他各种间接损失。

⑥法律、行政法规禁止运输的货物的损失。

⑦本附加险每次赔偿实行20%的绝对免赔率,不适用主险中的各项免赔率、免赔额约定。

第三条 责任限额。

责任限额由投保人和保险人在投保时协商确定。

第四条 赔偿处理。

被保险人索赔时,应提供运单、起运地货物价格证明等相关单据。保险人在责任限额内按起运地价格计算赔偿。

(8) 精神损害抚慰金责任险。

只有在投保了机动车第三者责任保险或机动车车上人员责任保险的基础上方可投保本附加险。

在投保人仅投保机动车第三者责任保险的基础上附加本附加险时,保险人只负责赔偿第三者的精神损害抚慰金;在投保人仅投保机动车车上人员责任保险的基础上附加本附加险时,保险人只负责赔偿车上人员的精神损害抚慰金。

第一条 保险责任。

保险期间内,被保险人或其允许的驾驶人在使用被保险机动车的过程中,发生投保的主险约定的保险责任内的事故,造成第三者或车上人员的人身伤亡,受害人据此提出精神损害赔偿请求,保险人依据法院判决及保险合同约定,对应由被保险人或被保险机动车驾驶人支付的精神损害抚慰金,在扣除机动车交通事故责任强制保险应当支付的赔款后,在本保险赔偿限额内负责赔偿。

第二条 责任免除。

①根据被保险人与他人的合同协议,应由他人承担的精神损害抚慰金。

②未发生交通事故,仅因第三者或本车人员的惊恐而引起的损害。

③怀孕妇女的流产发生在交通事故发生之日起30日以外的。

④本附加险每次赔偿实行20%的绝对免赔率,不适用主险中的各项免赔率、免赔额约定。

第三条 赔偿限额。

本保险每次事故赔偿限额由保险人和投保人在投保时协商确定。

第四条 赔偿处理。

本附加险赔偿金额依据人民法院的判决在保险单所载明的赔偿限额内计算赔偿。

(9)不计免赔率险。

投保了任一主险及其他设置了免赔率的附加险后,均可投保本附加险。

第一条 保险责任。

保险事故发生后,按照对应投保的险种约定的免赔率计算的、应当由被保险人自行承担的免赔金额部分,保险人负责赔偿。

第二条 责任免除。

下列情况下,应当由被保险人自行承担的免赔金额,保险人不负责赔偿:

①机动车损失保险中应当由第三方负责赔偿而无法找到第三方的。

②因违反安全装载规定而增加的。

③发生机动车全车盗抢保险约定的全车损失保险事故时,被保险人未能提供《机动车登记证书》、机动车来历凭证的,每缺少一项而增加的。

④机动车损失保险中约定的每次事故绝对免赔额。

⑤可附加本条款但未选择附加本条款的险种约定的。

⑥不可附加本条款的险种约定的。

(10)机动车损失保险无法找到第三方特约险。

投保了机动车损失保险后,可投保本附加险。

投保了本附加险后,对于机动车损失保险第十一条第(3)款列明的,被保险机动车损失应当由第三方负责赔偿,但因无法找到第三方而增加的由被保险人自行承担的免赔金额,保险人负责赔偿。

(11)指定修理厂险。

投保了机动车损失保险的机动车,可投保本附加险。

投保了本附加险后,机动车损失保险事故发生后,被保险人可指定修理厂进行修理。

释 义

(1)碰撞:指被保险机动车或其符合装载规定的货物与外界固态物体之间发生的、产生撞击痕迹的意外撞击。

(2)倾覆:指被保险机动车由于自然灾害或意外事故,造成本被保险机动车翻倒,车体触地,失去正常状态和行驶能力,不经施救不能恢复行驶。

(3)坠落:指被保险机动车在行驶中发生意外事故,整车腾空后下落,造成本车损失的情况。非整车腾空,仅由于颠簸造成被保险机动车损失的,不属于坠落。

(4)外界物体倒塌:指被保险机动车自身以外的物体倒下或陷下。

(5)自燃:指在没有外界火源的情况下,由于本车电器、线路、供油系统、供气系统等被保险机动车自身原因或所载货物自身原因起火燃烧。

(6)火灾:指被保险机动车本身以外的火源引起的、在时间或空间上失去控制的燃烧(即有热、有光、有火焰的剧烈的氧化反应)所造成的灾害。

(7)次生灾害:指地震造成工程结构、设施和自然环境破坏而引发的火灾、爆炸、瘟疫、有毒有害物质污染、海啸、水灾、泥石流、滑坡等灾害。

(8)暴风:指风速在28.5米/秒(相当于11级大风)以上的大风。风速以气象部门公布的数据为准。

(9)暴雨:指每小时降雨量达16毫米以上,或连续12小时降雨量达30毫米以上,或连续24小时降雨量达50毫米以上。

(10)洪水:指山洪暴发、江河泛滥、潮水上岸及倒灌。但规律性的涨潮、自动灭火设施漏水以及在常年水位以下或地下渗水、水管爆裂不属于洪水责任。

(11)玻璃单独破碎:指未发生被保险机动车其他部位的损坏,仅发生被保险机动车前后风挡玻璃和左右车窗玻璃的损坏。

(12)车轮单独损坏:指未发生被保险机动车其他部位的损坏,仅发生轮胎、轮辋、轮毂罩的分别单独损坏,或上述三者之中任意二者的共同损坏,或三者的共同损坏。

(13)车身划痕损失:仅发生被保险机动车车身表面油漆的损坏,且无明显碰撞痕迹。

(14)新增设备:指被保险机动车出厂时原有设备以外的,另外加装的设备和设施。

(15)新车购置价:指本保险合同签订地购置与被保险机动车同类型新车的价格,无同类型新车市场销售价格的,由投保人与保险人协商确定。

(16)单方肇事事故:指不涉及与第三者有关的损害赔偿的事故,但不包括自然灾害引起的事故。

(17)家庭成员:指配偶、子女、父母。

(18)市场公允价值:指熟悉市场情况的买卖双方在公平交易的条件下和自愿的情况下所确定的价格,或无关联的双方公平交易的条件下一项资产可以被买卖或者一项负债可以被清偿的成交价格。

(19)参考折旧系数表:详见表2-7。折旧按月计算,不足一个月的部分,不计折旧。最高折旧金额不超过投保时保险机动车新车购置价的80%。折旧金额按式(2-3)进行计算。

$$折旧金额 = 新车购置价 \times 被保险机动车已使用月数 \times 月折旧系数 \quad (2\text{-}3)$$

机动车月折旧系数　　　　　　　　　　表 2-7

车辆种类	月折旧系数(%)			
	家庭自用	非营业	营业	
			出租	其他
9座及以下客车	0.60	0.60	1.10	0.90
10座及以上客车	0.90	0.90	1.10	0.90
微型载货汽车	—	0.90	1.10	1.10
带拖挂的载货汽车		0.90	1.10	1.10
低速货车和三轮汽车	—	1.10	1.40	1.40
其他车辆	—	0.90	1.10	0.90

(20) 饮酒:指驾驶人饮用含有酒精的饮料,驾驶机动车时血液中的酒精含量大于或等于 20 mg/100 mL 的。

(21) 全部损失:指被保险机动车发生事故后灭失,或者受到严重损坏完全失去原有形体、效用,或者不能再归被保险人所拥有的,为实际全损。或被保险机动车发生事故后,认为实际全损已经不可避免,或者为避免发生实际全损所需支付的费用超过实际价值的,为推定全损。

案例 2-8

李先生的家庭自用五座高尔夫轿车车龄两年半,该车的新车购置价为 14.5 万元,试计算该车的实际价值。

案例分析

(1) 根据已知信息,查表 2-7,可知该车的月折旧率为 0.6%。

(2) 由式(2-3)可得,该车的折旧金额为:

  折旧金额 = 投保时的新车购置价 × 被保险机动车已使用月数 × 月折旧率
      = 145000 × 30 × 0.6% = 26100(元)

(3) 该车的实际价值为:

  该车的实际价值 = 新车购置价 − 折旧后的价格 = 145000 − 26100 = 118900(元)

即该车的实际价值为 118900 元。

(二) 机动车商业险保费计算

保费是投保人参加保险时所交付的保险费用。商业险相关的保费由所选择的保险公司、具体的车型、使用性质、车辆年限、承保险种、保险金额等因素决定。

1. 费率模式

每一辆汽车的风险程度是由其自身风险因素综合影响的结果,保险人要用科学的计算方法才能确定合理的保费。科学的计算方法是通过全面、综合考虑影响汽车保险索赔频率和索赔幅度的各种风险因素后,厘定精确的保险费率(保险费率是依据保险金额计算保险费的比例,通常以千分率来表示)。目前,各国常见保险费率模式有从车费率模式和从人费率模式两种。

1) 从车费率模式

从车费率模式确定费率时主要考虑车辆的风险因素,包括车辆使用性质、车辆种类与大小、车辆的生产地、车龄、车辆的厂牌型号及车辆的行驶区域等。这种车辆保险费率模式具有体系简单、易于操作的特点。

2) 从人费率模式

从人费率模式是在确定保险费率时,以考虑驾驶人因素为主、考虑车辆因素为辅的一种车辆保险费率模式。其中,驾驶人因素包括驾驶人年龄、性别、驾龄、事故记录及附加驾驶人数量等。在进行机动车辆风险研究的过程中,研究人员通过对大量车辆事故的分析发现,对于风险的影响起到决定作用的往往并非车辆,而是与驾驶人有关的风险因素,可见相对于从车费率模式而言,从人费率模式更加科学、合理。我国各保险公司使用从人费率为主的模式,同时综合考虑从车费率模式的风险因素。

2. 保费计算

1) 机动车第三者责任险

根据被保险人车辆使用性质、车辆种类、责任限额所属档次查询基准纯风险保费。当投保人与保险人协商的责任限额小于等于200万元时,可查询机动车综合商业保险示范产品基准纯风险保费表(表2-8)。如果责任限额为200万元以上,且未在表2-8中列示,则基准纯风险保费按式(2-4)进行计算:

$$机动车第三者责任险保费 = (N-4) \times (A-B) \times (1 - N \times 0.005) + A \qquad (2-4)$$

式中:A——档次基础限额为200万元时的基础纯风险保险费;

B——同档次基础限额为150万元时的基准纯风险保费;

N——数值为责任限额/50万元,责任限额必须是50万元的整数倍。

案例2-9

某家庭自用五座轿车,车龄为2年,投保机动车第三者责任险,保险限额为50万元,试计算该车的保费。

案例分析

根据已知信息,该家庭自用轿车属于6座以下、保险限额为50万元的情况。查询表2-8,可知保费为483.55元。因此,该车投保机动车第三者责任险的保费为483.55元。

表 2-8 机动车综合商业保险示范产品基准纯风险保费——第三者责任险(单位：元)

车辆使用性质	车辆种类	5万元	15万元	20万元	30万元	50万元	100万元	150万元	200万元	300万元	500万元
家庭自用汽车	6座以下	199.56	328.52	356.76	402.91	483.55	629.62	722.88	803.15	958.86	1260.66
	6~10座	204.17	324.99	350.51	392.60	467.80	608.71	699.34	776.99	927.64	1219.60
	10座以上	204.17	324.99	350.51	392.60	467.80	608.71	699.34	776.99	927.64	1219.60
企业非营业性客车	6座以下	273.99	435.93	470.27	526.29	626.78	816.19	913.62	1008.38	1192.20	1548.47
	6~10座	280.86	453.28	490.15	550.87	657.50	856.67	958.41	1057.80	1250.62	1624.33
	10~20座	305.80	495.21	536.41	603.29	721.12	939.45	1051.14	1160.15	1371.64	1781.52
	20座以上	309.41	523.76	572.92	650.28	785.10	1022.58	1144.40	1263.09	1493.33	1939.58
党政机关、事业团体非营业性客车	6座以下	155.67	248.13	267.61	299.66	356.60	464.64	519.80	573.70	678.29	880.99
	6~10座	164.55	262.20	282.77	316.54	376.74	490.84	549.15	606.10	716.58	930.71
	10~20座	181.66	289.26	311.78	349.24	415.71	541.29	605.96	668.80	790.71	1027.00
	20座以上	203.09	323.47	348.81	390.59	465.07	605.59	677.92	748.22	884.61	1148.95
非营业货车	2吨以下	472.26	752.08	810.52	907.93	1080.89	1407.94	1720.78	1945.89	2382.60	3229.00
	2~5吨	641.69	1057.87	1149.37	1298.14	1559.06	2029.55	2482.03	2806.71	3436.59	4657.39
	5~10吨	805.80	1304.04	1411.48	1586.81	1896.73	2469.35	3019.59	3414.60	4180.93	5666.18
	10吨以上	1037.80	1653.51	1782.80	1996.50	2377.26	3095.10	3784.60	4279.68	5240.15	7101.68
	低速载货汽车	400.83	639.33	688.92	770.97	919.14	1196.60	1463.27	1654.69	2026.05	2745.80
出租、租赁营业性客车	6座以下	594.89	1043.81	1142.26	1325.10	1679.37	2208.50	2687.54	3039.68	3722.84	5046.89
	6~10座	561.06	984.51	1076.88	1249.07	1583.58	2083.06	2534.24	2866.30	3510.48	4759.01

续上表

车辆使用性质	车辆种类	责任限额									
		5万元	15万元	20万元	30万元	50万元	100万元	150万元	200万元	300万元	500万元
出租、租赁营业性客车	10~20座	592.99	1062.82	1168.87	1363.49	1736.39	2284.52	2778.78	3142.88	3849.24	5218.27
	20~36座	797.49	1485.51	1648.96	1940.13	2493.21	3279.68	3989.94	4512.74	5526.97	7492.70
	36座以上	1199.28	2169.34	2391.72	2795.78	3568.95	4694.10	5711.47	6459.84	7911.68	10725.54
城市公交营业性客车	6~10座	476.06	835.57	914.26	1060.76	1344.55	1768.60	2151.72	2433.66	2980.62	4040.71
	10~20座	530.71	931.05	1018.62	1181.59	1497.97	1969.75	2397.24	2711.35	3320.72	4501.76
	20~36座	735.82	1322.83	1455.83	1699.13	2166.63	2849.44	3467.31	3921.63	4803.00	6511.22
	36座以上	951.46	1772.55	1967.45	2314.78	2974.55	3912.51	4760.24	5383.97	6594.00	8939.23
公路客运营业性客车	6~10座	493.89	866.39	948.01	1099.73	1393.76	1832.89	2230.47	2522.73	3089.72	4188.61
	10~20座	550.39	965.10	1056.14	1225.30	1552.81	2042.86	2485.01	2810.61	3442.29	4666.58
	20~36座	809.89	1420.62	1554.21	1802.90	2284.92	3005.87	3656.62	4135.74	5065.25	6866.75
	36座以上	1137.40	1995.43	2183.43	2532.91	3209.91	4222.45	5136.90	5809.99	7115.77	9646.57
营业性货车	2吨以下	804.17	1475.98	1625.60	1914.03	2398.83	3133.95	3872.80	4390.34	5394.35	7340.29
	2~5吨	1294.72	2375.81	2616.06	3080.00	3861.15	5043.66	6233.63	7066.67	8682.76	11814.98
	5~10吨	1486.77	2727.55	3003.76	3536.03	4432.98	5790.28	7156.84	8113.24	9968.65	13564.72
	10吨以上	2037.03	3738.15	4115.78	4846.58	6075.12	7935.21	9807.98	11118.69	13661.44	18589.68
	低速载货汽车	684.04	1255.16	1382.48	1627.03	2039.91	2664.25	3293.33	3733.44	4587.24	6242.04

案例 2-10

某家庭自用五座轿车,车龄为 1 年,投保机动车第三者责任险,保险限额为 250 万元,试计算该车的保费。

 案例分析

(1)根据已知信息,该家庭自用轿车属于 6 座以下的车辆。查询表 2-8,可知责任限额为 200 万时的保险费为 803.15 元、责任限额为 150 万时的保险费为 722.88 元。

(2)由式(2-4)得:

$$\begin{aligned}机动车第三者责任险保费 &= (N-4) \times (A-B) \times (1 - N \times 0.005) + A \\ &= (250/50 - 4) \times (803.15 - 722.88) \times \\ &\quad (1 - 5 \times 0.005) + 803.15 \\ &= 877.40 \text{(元)}\end{aligned}$$

即该车投保机动车第三者责任险的保费为 877.40 元。

2)车上人员责任险

根据被保险人车辆使用性质、车辆种类、座位数查询费率。机动车综合商业保险示范产品基准纯风险费率表——车上人员责任险,见表 2-9。驾驶人和乘客保费的计算公式分别如式(2-5)、式(2-6):

$$驾驶人保费 = 每次事故责任限额 \times 费率 \qquad (2-5)$$

$$乘客保费 = 每次事故每人责任限额 \times 费率 \times 投保乘客座位数 \qquad (2-6)$$

表 2-9 机动车综合商业保险示范产品基准纯风险保费及费率——车上人员责任险、盗抢险、玻璃单独破碎险

车辆使用性质	车辆种类	车上人员责任保险		全车盗抢保险		玻璃单独破碎险	
		驾驶人	乘客	基础纯风险保费	纯风险费率	国产玻璃	进口玻璃
家庭自用汽车	6 座以下	0.1066%	0.0676%	31.20	0.2054%	0.0654%	0.1090%
	6~10 座	0.1014%	0.0650%	36.40	0.1560%	0.0654%	0.1054%
	10 座以上	0.1014%	0.0650%	36.40	0.1560%	0.0763%	0.1272%
企业非营业性客车	6 座以下	0.1066%	0.0650%	31.20	0.1794%	0.0615%	0.1088%
	6~10 座	0.0988%	0.0598%	33.80	0.1768%	0.0615%	0.1088%
	10~20 座	0.1014%	0.0598%	33.80	0.1456%	0.0710%	0.1277%
	20 座以上	0.1040%	0.0624%	36.40	0.1768%	0.0710%	0.1325%

续上表

车辆使用性质	车辆种类	车上人员责任保险		全车盗抢保险		玻璃单独破碎险	
		驾驶人	乘客	基础纯风险保费	纯风险费率	国产玻璃	进口玻璃
党政机关、事业团体非营业性客车	6座以下	0.1066%	0.0650%	28.60	0.1638%	0.0456%	0.0807%
	6~10座	0.0988%	0.0598%	31.20	0.1482%	0.0456%	0.0807%
	10~20座	0.0988%	0.0598%	31.20	0.1274%	0.0527%	0.0948%
	20座以上	0.1040%	0.0650%	33.80	0.1560%	0.0527%	0.0983%
非营业性货车	2吨以下	0.1196%	0.0728%	33.80	0.1820%	0.0285%	0.0456%
	2~5吨	0.1196%	0.0728%	33.80	0.1820%	0.0285%	0.0456%
	5~10吨	0.1196%	0.0728%	33.80	0.1820%	0.0285%	0.0456%
	10吨以上	0.1196%	0.0728%	33.80	0.1820%	0.0285%	0.0456%
	低速载货汽车	0.1196%	0.0728%	33.80	0.1820%	0.0285%	0.0456%
出租、租赁营业性客车	6座以下	0.1300%	0.0806%	26.00	0.1690%	0.0272%	0.0454%
	6~10座	0.1040%	0.0624%	23.40	0.1144%	0.0272%	0.0454%
	10~20座	0.1092%	0.0676%	23.40	0.1482%	0.0318%	0.0560%
	20~36座	0.1092%	0.0676%	20.80	0.1768%	0.0363%	0.0620%
	36座以上	0.1092%	0.0676%	20.80	0.1768%	0.0393%	0.0696%
城市公交营业性客车	6~10座	0.3716%	0.1424%	15.60	0.1066%	0.0868%	0.1446%
	10~20座	0.3802%	0.1478%	23.40	0.1664%	0.1012%	0.1783%
	20~36座	0.4321%	0.1697%	23.40	0.1976%	0.1157%	0.1976%
	36座以上	0.4321%	0.1697%	23.40	0.1976%	0.1253%	0.2217%
公路客运营业性客车	6~10座	0.1118%	0.0676%	15.60	0.1274%	0.1993%	0.3321%
	10~20座	0.1144%	0.0702%	23.40	0.1508%	0.2325%	0.4096%
	20~36座	0.1300%	0.0806%	20.80	0.1560%	0.2657%	0.4539%
	36座以上	0.1300%	0.0806%	20.80	0.1560%	0.2878%	0.5093%

续上表

车辆使用性质	车辆种类	车上人员责任保险		全车盗抢保险		玻璃单独破碎险	
		驾驶人	乘客	基础纯风险保费	纯风险费率	国产玻璃	进口玻璃
营业性货车	2吨以下	0.3092%	0.1387%	33.80	0.2210%	0.0098%	0.0147%
	2~5吨	0.3092%	0.1387%	33.80	0.2210%	0.0098%	0.0147%
	5~10吨	0.3092%	0.1387%	33.80	0.2210%	0.0098%	0.0147%
	10吨以上	0.3092%	0.1387%	33.80	0.2210%	0.0098%	0.0147%
	低速载货汽车	0.3092%	0.1387%	33.80	0.2210%	0.0098%	0.0147%

案例 2-11

某家庭自用五座轿车,投保机动车车上人员责任险,约定驾驶人每次事故责任限额为3万元,乘客每次事故每人责任限额为2万元,试计算该车的保费。

案例分析

(1) 根据已知信息,该家庭自用轿车属于6座以下的车辆。查询表2-9,可知相应的费率为:驾驶人0.1066%,乘客0.0676%。

(2) 由式(2-5)、式(2-6)得:

驾驶人保费 = 每次事故责任限额 × 费率

$$= 30000 \times 0.1066\% = 31.98 (元)$$

乘客保费 = 每次事故每人责任限额 × 费率 × 投保乘客座位数

$$= 20000 \times 0.0676\% \times 4 = 54.08 (元)$$

即该车投保机动车车上人员责任险,驾驶人保费为31.98元,乘客保费为54.08元,共计86.06元。

3) 机动车损失险

根据被保险人车辆使用性质、车辆种类、车型名称、车型编码、车辆使用年限所属档次查询风险保费。机动车综合商业保险示范产品基准纯风险保费表——机动车损失保险实例,见表2-10。

案例 2-12

某家庭自用五座北京现代BH7141MY舒适性轿车,车型编号为BBJKROUD0001,车龄为5年,投保机动车损失险,试计算该车的保费。

机动车综合商业保险示范产品基准纯风险保费（单位：元）
——机动车损失保险实例

表 2-10

车辆使用性质	车辆种类		车型名称	车型编码	车辆使用年限			
					1年以下	1~2年	2~6年	6年以上
家庭自用汽车	非营业车辆	6座以下	北京现代 BH7141MY 舒适性	BBJKROU00001	1054	1005	992	1026
家庭自用汽车		6~10座	五菱 LZW63NF	BSQDZHUA0114	610	581	575	594
家庭自用汽车		10座以上	金杯 SY654BUS38H	BUBORDUA0237	1028	1032	1019	1053
企业非营业性客车		6座以下	捷达 FV710FG 新伙伴	BYQKJEUA0026	793	752	745	769
企业非营业性客车		6~10座	江铃 D06466DF-M	BFTFQUUA0000	958	911	963	934
企业非营业性客车		10~20座	依维柯 N06593ER6	BNJCDMUA0152	1623	1547	1535	1573
企业非营业性客车		20座以上	柯斯达 SCT6703TF853LEX	BSCHKTUA0029	3495	3334	3306	3388
党政机关、事业团体非营业性客车		6座以下	桑塔纳 SVW7180C11 基本型	BSHCUU40023	602	573	567	585
党政机关、事业团体非营业性客车		6~10座	五菱 LZW640783	BSQOHUA0020	422	403	399	410
党政机关、事业团体非营业性客车		10~20座	金杯 SY6483F3	BJLOBEUA0119	1155	1097	1085	1120
党政机关、事业团体非营业性客车		20座以上	柯斯达 SCT670DP2853	BSCHKTUA0007	1418	2296	2272	2345
非营业性货车		2吨以下	江铃 JX1020TS3	BJLOBEUA0087	635	604	598	617
非营业性货车		2~5吨	江铃 HFC1091KST	BJHAWMUA0119	676	835	628	549
非营业性货车		5~10吨	江铃 HFC1141K2R1T	BJHAJMUA0103	1046	905	966	1015
非营业性货车		10吨以上	北方奔驰 ND4250W322JJ	BBFBQZUA0050	2766	2638	2607	2666
非营业性货车		低速载货车	北京 BJ5815PD-3	BBJRDTUA0401	495	472	466	482
非营业性挂车		2吨以下	仙达 XT9350TZY	BXDDBHUA0042	291	372	368	380
非营业性挂车		2~5吨	宝环 HD5936GGY	BBHBBHUB0002	4607	4396	4300	4466
非营业性挂车		5~10吨	骏强 JQ9100	BJQCBHUA0060	313	298	295	304
非营业性挂车		10吨以上	红旗 JHK9390	BHQABHUA0061	541	516	510	526

续上表

车辆使用性质	车辆种类		车型名称	车型编码	车辆使用年限			
					2年以下	2~3年	3~4年	4年以上
出租、租赁营业性客车	营业性车辆	6座以下	捷达 FV7160FG 新伙伴	BYQKJEUA0026	2052	2033	2009	2052
出租、租赁营业性客车		6~10座	别克 SGM6529ATA 舒适版	BTYPBLUC0024	3570	3528	3496	3570
出租、租赁营业性客车		10~20座	依维柯 NJ6596SFF	BNJVDAUB0019	3357	3326	3295	3357
出租、租赁营业性客车		20~30座	柯斯达 SCT6700RZB54L	BSCHKTUA0031	5219	5170	5122	5219
出租、租赁营业性客车		36座以上	金龙 KLQ61193	BHGCYZUB0011	10372	10286	10168	10372
城市公交营业性客车		6~10座	长安 SC6382	BCADZBUA0076	1083	1072	1061	1083
城市公交营业性客车		10~20座	吉江 NE6732NG01	BJJBQNUA0001	1822	1803	1790	1822
城市公交营业性客车		20~36座	金龙 XMQ6771Y	BJLEQNUB0012	3443	3406	3385	3443
城市公交营业性客车		36座以上	吉江 NE6732G01	BJJBQNUA0041	2778	2751	2723	2778
公路客运营业性客车		6~10座	江淮 HFC6500A1C7F	BJHARGUC0010	2583	2559	2536	2583
公路客运营业性客车		10~20座	中通 LCK6601D3H	BZTILOUA0011	1933	1914	1895	1933
公路客运营业性客车		20~36座	中通 LCK6858H	BZTIBNUA0052	3713	3677	3627	3713
公路客运营业性客车		36座以上	中通 LCK6125H-2	BZTIYFUA0054	9740	9656	9541	9740
营业性货车		2吨以下	江铃 JX5041XXYXGA2	BJILOQLUA0481	1622	1607	1592	1622
营业性货车		2~5吨	五十铃 QL5100XTPAR	BQLANYUA0078	3015	2987	2960	3015
营业性货车		5~10吨	解放 CA5167XXYPK2L2EA80-1	BJFKJTUA0334	2502	2472	2450	2502
营业性货车		10吨以上	解放 CA4206P1K2T3EA80	BJFKJAUA0401	4597	4547	4498	4597
低速载货汽车			北京 BJ5815PD-3	BBJRDTUA0401	1319	1306	1292	1319
营业性挂车		2吨以下	杨嘉 LHL9401CXY	BYJFBHUA0008	726	719	713	726
营业性挂车		2~5吨	东岳 ZTQ9370GGYQD	BZTEBHUA0012	3915	3880	3845	3915
营业性挂车		5~10吨	骏强 JQ9100	BJQCBHUA0060	758	749	742	758
营业性挂车		10吨以上	扬天 CXQ9402TDP	BYTEBHUA0288	1582	1566	1549	1582

案例分析

根据已知信息,该家庭自用轿车属于 6 座以下、车辆使用时间为 2~6 年的情况,查询表 2-9,可知相应的保费为 992 元。

即该车投保机动车损失险的保费为 992 元。

4)盗抢险

按被保险人车辆使用性质、车辆种类所属档次查询基础纯风险保费及费率。机动车综合商业保险示范产品基准纯风险保费及费率表——盗抢险见表 2-9。盗抢险保费的计算公式如式(2-7):

$$保费 = 基础纯风险保费 + 车辆实际价值 \times 费率 \qquad (2-7)$$

 案例 2-13

某家庭自用五座轿车,新车购置价为 25 万元,车龄 3 年,投保机动车盗抢险,试计算该车的保费。

 案例分析

(1)由式(2-7)得盗抢险的保费为:

$$保费 = 基础纯风险保费 + 车辆实际价值 \times 费率$$

由式(2-3)得该车的折旧金额为:

$$折旧金额 = 投保时的新车购置价 \times 被保险机动车已使用月数 \times 月折旧率$$

(2)根据已知信息,查询表 2-7,可知该车的月折旧率为 0.6%。

(3)该车辆的折旧金额为:

$$折旧金额 = 投保时的新车购置价 \times 被保险机动车已使用月数 \times 月折旧率$$
$$= 250000 \times 36 \times 0.6\% = 54000(元)$$

(4)该车辆的实际价值为:

$$该车的实际价值 = 新车购置价 - 折旧后的价格 = 250000 - 54000 = 196000(元)$$

(5)根据已知信息,该家庭自用轿车属于 6 座以下的车辆,保险金额为 25 万元。查询表 2-9,可知相应的基础纯风险保费为 31.20 元,费率为 0.2054%。

$$该车盗抢险的保费 = 基础纯风险保费 + 车辆实际价值 \times 费率$$
$$= 31.2 + 196000 \times 0.2054\% = 433.78(元)$$

即该车投保机动车盗抢险的保费为 433.78 元。

5)玻璃单独破碎险

按被保险人车辆使用性质、车辆种类及与保险人的约定,查询所属档次基础纯风险费率。机动车综合商业保险示范产品基准纯风险保费及费率表——玻璃单独破碎险,见表 2-9。玻璃单独破碎险保费的计算公式如式(2-8):

$$玻璃单独破碎险保费 = 车辆实际价值 \times 费率 \quad (2\text{-}8)$$

需要注意的是,对于特种车或防弹玻璃等特殊材质的玻璃,保费上浮 10%。

案例 2-14

某家庭自用五座轿车,投保玻璃单独破碎险,新车购置价为 25 万元,车龄 2 年,约定按国产玻璃投保,试计算该车的保费。

案例分析

(1) 根据已知信息,查表 2-7,可知该车的月折旧率为 0.6%。

(2) 该车的实际价值为:

$$\begin{aligned}
该车的实际价值 &= 新车购置价 - 折旧后的价格 \\
&= 新车购置价 - 投保时的新车购置价 \times 被保险 \\
&\quad 机动车已使用月数 \times 月折旧率 \\
&= 250000 - 250000 \times 24 \times 0.6 \\
&= 214000 (元)
\end{aligned}$$

(3) 根据已知信息,该家庭自用轿车属于 6 座以下的车辆,保险金额为 25 万元。查询表 2-9,可知相应的费率为 0.0654%。

(4) 由式 (2-8) 可得该车的玻璃单独破碎险保费为:

$$\begin{aligned}
保费 &= 车辆实际价值 \times 费率 \\
&= 214000 \times 0.1235\% = 264.29 (元)
\end{aligned}$$

即该车投保机动车玻璃单独破碎险的保费为 264.29 元。

6) 车身划痕损失险

按照车辆使用性质、新车购置价、保额所属档次直接查询所属档次基础纯风险费率。机动车综合商业保险示范产品基准纯风险保费表——车身划痕损失险,见表 2-11。

案例 2-15

某家庭自用五座轿车,投保车身划痕损失险,新车购置价为 32 万元,车辆使用年限为 2 年,保险金额为 2 万元,试计算该车的保费。

案例分析

根据已知信息,查询表 2-11,得到该车投保机动车车身划痕损失险的保费为 1672.09 元。

7) 自燃损失险

按照车辆使用性质、车辆种类、车龄所属档次直接查询所属档次基础纯风险费率。机动车综合商业保险示范产品基准纯风险费率表——自燃损失险,见表 2-12。

自燃损失险的保费的计算公式如式 (2-9):

$$保费 = 车辆实际价值 \times 车辆使用年限的费率 \quad (2\text{-}9)$$

机动车综合商业保险示范产品基准纯风险保费——车身划痕损失险（单位：元）

表2-11

车辆使用性质	保额	车辆使用年限							
		2年以下				2年及以上			
		新车购置价				新车购置价			
		30万元以下	30万～50万元	50万元以上		30万元以下	30万～50万元	50万元以上	
家庭自用汽车	2000	257.24	376.22	546.64		392.30	578.80	707.42	
	5000	366.57	578.80	707.42		546.64	868.20	964.67	
	10000	488.76	752.44	964.67		836.04	1157.60	1286.22	
	20000	733.15	1144.74	1447.00		1221.91	1672.09	1929.33	
企业非营业性客车	2000	128.93	188.57	273.98		196.62	290.10	354.57	
	5000	183.73	290.10	354.57		273.98	435.15	483.50	
	10000	244.97	377.13	483.50		419.04	580.20	644.67	
	20000	367.46	573.76	725.25		612.44	838.07	967.01	
党政机关、事业团体非营业性客车	2000	93.21	136.32	198.07		142.15	209.72	256.33	
	5000	132.82	209.72	256.33		198.07	314.58	349.54	
	10000	177.10	272.64	349.54		302.93	419.45	466.05	
	20000	265.65	414.78	524.31		442.75	605.87	699.08	
非营业性货车	2000	62.95	92.06	133.76		95.99	141.63	173.10	
	5000	89.70	141.63	173.10		133.76	212.44	236.05	
	10000	119.60	184.12	236.05		204.57	283.26	314.73	
	20000	179.40	280.11	354.07		298.99	409.15	472.10	

续上表

车辆使用性质	保额	2年以下			2年及以上		
		新车购置价			新车购置价		
		30万元以下	30万~50万元	50万元以上	30万元以下	30万~50万元	50万元以上
出租、租赁营业性客车	2000	126.46	184.95	268.74	192.86	284.54	347.78
	5000	180.21	284.54	347.78	268.74	426.82	474.24
	10000	240.28	369.91	474.24	411.01	569.09	632.32
	20000	360.42	562.76	711.36	600.70	822.02	948.48
城市公交营业性客车	2000	20.33	29.74	43.21	31.01	45.75	55.91
	5000	28.97	45.75	55.91	43.21	68.62	76.25
	10000	38.63	59.47	76.25	66.08	91.49	101.66
	20000	57.95	90.48	114.37	96.58	132.16	152.49
公路客运营业性客车	2000	65.16	95.29	138.46	99.36	146.60	179.18
	5000	92.85	146.60	179.18	138.46	219.90	244.34
	10000	123.80	190.58	244.34	211.76	293.20	325.78
	20000	185.69	289.94	366.50	309.49	423.51	488.67
营业性货车	2000	62.84	91.91	133.54	95.83	141.39	172.82
	5000	89.55	141.39	172.82	133.54	212.09	235.66
	10000	119.40	183.81	235.66	204.24	282.79	314.21
	20000	179.10	279.65	353.49	298.50	408.47	471.32

模块二 机动车保险

机动车综合商业保险示范产品基准纯风险保费
——发动机涉水损失险、机动车损失保险无法找到第三方特约险、自燃损失险

表 2-12

车辆使用性质	车辆种类	发动机涉水损失险 费率	机动车损失保险无法找到第三方特约险 费率	自燃损失险			
				2年以内	2~4年	4~6年	6年以上
家庭自用汽车	6座以下	4.0875%	2.1891%	0.0312%	0.0520%	0.0780%	0.1300%
	6~10座	4.0875%	2.1891%	0.0312%	0.0520%	0.0780%	0.1300%
	10座以上	4.0875%	2.1891%	0.0312%	0.0520%	0.0780%	0.1300%
企业非营业性客车	6座以下	1.6603%	2.2708%	0.0312%	0.0520%	0.0780%	0.1300%
	6~10座	1.6603%	2.2708%	0.0312%	0.0520%	0.0780%	0.1300%
	10~20座	1.6603%	2.2708%	0.0312%	0.0520%	0.0780%	0.1300%
	20座以上	1.6603%	2.2708%	0.0312%	0.0520%	0.0780%	0.1300%
党政机关、事业团体非营业性客车	6座以下	0.4693%	1.2989%	0.0312%	0.0520%	0.0780%	0.1300%
	6~10座	0.4693%	1.2989%	0.0312%	0.0520%	0.0780%	0.1300%
	10~20座	0.4693%	1.2989%	0.0312%	0.0520%	0.0780%	0.1300%
	20座以上	0.4693%	1.2989%	0.0312%	0.0520%	0.0780%	0.1300%
非营业性货车	2吨以下	—	1.0930%	0.0312%	0.0520%	0.0780%	0.1300%
	2~5吨	—	1.0930%	0.0312%	0.0520%	0.0780%	0.1300%
	5~10吨	—	1.0930%	0.0312%	0.0520%	0.0780%	0.1300%
	10吨以上	—	1.0930%	0.0312%	0.0520%	0.0780%	0.1300%
	低速载货汽车	—	1.0930%	0.0312%	0.0520%	0.0780%	0.1300%

续上表

车辆使用性质	车辆种类	发动机涉水损失险 费率	机动车损失保险无法找到第三方特约险 费率	自燃损失险			
				2年以内	2~4年	4~6年	6年以上
出租、租赁营业性客车	6座以下	—	0.9045%	0.0520%	0.0780%	0.1170%	0.1560%
	6~10座	—	0.9045%	0.0520%	0.0780%	0.1170%	0.1560%
	10~20座	—	0.9045%	0.0520%	0.0780%	0.1170%	0.1560%
	20~36座	—	0.9045%	0.0520%	0.0780%	0.1170%	0.1560%
	36座以上	—	0.9045%	0.0520%	0.0780%	0.1170%	0.1560%
城市公交营业性客车	6~10座	—	0.4890%	0.0520%	0.0780%	0.1170%	0.1560%
	10~20座	—	0.4890%	0.0520%	0.0780%	0.1170%	0.1560%
	20~36座	—	0.4890%	0.0520%	0.0780%	0.1170%	0.1560%
	36座以上	—	0.4890%	0.0520%	0.0780%	0.1170%	0.1560%
公路客运营业性客车	6~10座	—	1.2236%	0.0520%	0.0780%	0.1170%	0.1560%
	10~20座	—	1.2236%	0.0520%	0.0780%	0.1170%	0.1560%
	20~36座	—	1.2236%	0.0520%	0.0780%	0.1170%	0.1560%
	36座以上	—	1.2236%	0.0520%	0.0780%	0.1170%	0.1560%
营业性货车	2吨以下	—	0.3501%	0.0520%	0.0780%	0.1170%	0.1560%
	2~5吨	—	0.3501%	0.0520%	0.0780%	0.1170%	0.1560%
	5~10吨	—	0.3501%	0.0520%	0.0780%	0.1170%	0.1560%

案例 2-16

某家庭自用五座轿车,投保自燃损失险,车辆实际价值为 18 万元,车辆使用年限为 3 年,试计算该车的保费。

 案例分析

(1)根据已知信息,该家庭自用五座轿车车龄为 5 年。查询表 2-12,得到该车投保自燃损失险的费率为 0.0780%。

(2)根据式(2-9)得:

$$该车自燃损失险保费 = 车辆实际价值 \times 车辆使用年限的费率$$
$$= 180000 \times 0.0780\% = 140.40(元)$$

即该车自燃损失险保费为 140.40 元。

8)发动机涉水损失险

按照车辆使用性质、车辆种类、车龄所属档次直接查询机动车综合商业保险示范产品基准纯风险费率表——发动机涉水损失险,见表 2-12。

发动机涉水损失险保费的计算公式为:

$$保费 = 车损险基准纯风险保费 \times 费率 \qquad (2\text{-}10)$$

 案例 2-17

某家庭自用九座五菱 LZW6376NF 轿车,车型编号 BSQDZHUA0114,投保机动车损失险、自燃损失险,车辆实际价值为 20 万元,车辆使用年限为 3 年。试计算该车发动机涉水损失险保费。

 案例分析

(1)根据已知信息,家庭自用九座五菱 LZW6376NF 轿车,车型编号 BSQDZHUA0114,车龄 3 年。查询表 2-10,可知该车投保车损险基准纯风险保费为 575 元。

(2)查询表 2-12,可知发动机涉水损失险的费率为 4.0875%

(3)根据式(2-10),可得该车发动机涉水损失险保费为:

$$保费 = 车损险基准纯风险保费 \times 费率$$
$$= 575 \times 4.0875\% = 23.5(元)$$

即该车发动机涉水损失险保费为 23.5 元。

9)机动车损失保险无法找到第三方特约险

按照车辆使用性质、车辆种类、车龄所属档次直接查询机动车综合商业保险示范产品基准纯风险费率表——机动车无法找到第三方特约险,见表 2-12。

机动车损失保险无法找到第三方特约险保费的计算公式为:

$$保费 = 车损险基准纯风险保费 \times 费率 \qquad (2\text{-}11)$$

 案例 2-18

某家庭自用九座五菱 LZW6376NF 轿车,车型编号 BSQDZHUA0114,投保机动车损失保险无法找到第三方特约险,车辆实际价值为25万元,车辆使用年限为1年。试计算该车机动车损失保险无法找到第三方特约险保费。

案例分析

(1)根据已知信息,该家庭自用九座五菱 LZW6376NF 轿车,车型编号 BSQDZHUA0114,车龄1年。查询表2-10,可知该车投保车损险基准纯风险保费为581元。

(2)查询表2-12,可知该机动车损失保险无法找到第三方特约险的费率为2.1891%。

(3)根据式(2-11)可得,该车机动车损失保险无法找到第三方特约险的保费为:

$$保费 = 车损险基准纯风险保费 \times 费率$$
$$= 581 \times 2.1891\% = 12.72(元)$$

即该车机动车损失保险无法找到第三方特约险的保费为12.72元。

10)不计免费率险

按照适用的险种查找费率,直接查找机动车综合商业保险示范产品基准纯风险费率表——不计免赔特约条款,见表2-13。不计免费率险的保费计算公式如式(2-12):

$$保费 = 使用本条款的险种标准保费 \times 费率 \qquad (2-12)$$

机动车综合商业保险示范产品基准纯风险费率——不计免赔率特约条款　　表2-13

序号	适合险种	费率	序号	适合险种	费率
1	机动车损失保险	15%	6	新增加设备损失险车	15%
2	第三者责任保险	15%	7	车身划痕损失险	15%
3	车上人员责任保险	15%	8	发动机涉水损失险	15%
4	全车盗抢保险	20%	9	车上货物责任保险	20%
5	自燃损失险	20%	10	精神损害抚慰金责任险	20%

案例 2-19

某家庭自用五座北京现代 BH7141MY 舒适性轿车,车型编号为 BBJKROUD0001,车龄为3年,新车购置价20万元,投保第三者责任险、机动车损失保险、车上人员责任险、车身划痕损失险及盗抢险,约定第三者责任险限额为50万元,车上人员责任险的驾驶人每次事故责任限额为2万元,乘客每次事故每人责任限额为3万元,车身划痕损失险保险金额为1万元,并对以上五个险种均投保不计免赔率险,试计算该车的保费。

案例分析

(1)对已知信息进行分析。

(2)查询表2-8,得到该车的第三者责任险保费483.55元。

(3)查询表2-10,得到该车投保机动车损失险的保费为992元。

(4)查询表2-9,得到相应的费率为:驾驶人0.1066%,乘客0.0676%。

(5)由式(2-6)、式(2-7),可得:

驾驶人保费 = 每次事故责任限额 × 费率
$$= 20000 \times 0.1066\% = 21.32(元)$$
乘客保费 = 每次事故每人责任限额 × 费率 × 投保乘客座位数
$$= 30000 \times 0.0676\% \times 4 = 81.12(元)$$

即该车投保机动车车上人员责任险,驾驶人保费为 21.32 元,乘客保费为 81.12 元,共计 85.28 元。

(6) 由式(2-7)可得盗抢险的保费为:保费 = 基础纯风险保费 + 车辆实际价值 × 费率
由式(2-3)得该车的折旧金额为:

折旧金额 = 投保时的新车购置价 × 被保险机动车已使用月数 × 月折旧率

根据已知信息,查询表 2-7,可知该车的月折旧率为 0.6%,则该车辆的折旧金额为:

折旧金额 = 投保时的新车购置价 × 被保险机动车已使用月数 × 月折旧率
$$= 200000 \times 36 \times 0.6\% = 43200(元)$$

则该车辆的实际价值为:

该车的实际价值 = 新车购置价 − 折旧后的价格 = 200000 − 43200 = 156800(元)

(7) 根据已知信息,查询表 2-9,可知相应的基础纯风险保费为 31.20 元,费率为 0.2054%。由式(2-7)可得,该车投保机动车盗抢险的保费为:

保费 = 基础纯风险保费 + 车辆实际价值 × 费率
$$= 31.2 + 156800 \times 0.2054\% = 353.27(元)$$

(8) 查询表 2-11,得到该车的车身划痕损失险 836.04 元。

(9) 查询表 2-13,得到相应的第三者责任险、机动车损失保险、车上人员责任险、车身划痕损失险及盗抢险的不计免赔率的费率分别为 15%、15%、15%、15%、20%。根据式(2-12)可得:

该车不计免赔率险的保费 = 483.55 × 15% + 992 × 15% + 85.28 × 15% + 836.04 × 15% +
353.27 × 20%
$$= 430.1(元)$$

则该车总保费 = 483.55 + 992 + 85.28 + 836.04 + 353.27 + 430.1 = 3180.23(元)

11) 其他险种保费计算公式

新增加设备损失险、修理期间费用补偿险、精神损害抚慰金责任险、制定修理厂检的保费计算公式见表 2-14。

机动车商业保险保费计算公式 表 2-14

险 别	保 费 计 算	
新增加设备损失险	保险金额 × 车损险基准纯风险保费/车损险保险金额	
修理期间费用补偿险	约定的最高赔偿天数 × 约定的最高日责任限额 × 6.50%	
精神损害抚慰金责任险	每次事故责任限额 × 0.52%	
制定修理厂检	国产车	车损险基准纯风险保费的 10% ~ 30%
	进口车	车损险基准纯风险保费的 15% ~ 60%

3. 使用费率调整系数表进行费率调整

为了使投保人的保费支出数额与其自身风险联系，保险人根据以往赔付情况的统计数据制定费率调整系数，对不同的保障对象进行风险修正。常见费率调整系数见表 2-15。使用费率调整系数表应注意以下几点：

（1）无赔款优待及上年赔款记录费率调整系数是根据历史赔款记录，按照规定的费率调整系数进行费率调整的。

机动车商业保险行业基本费率——费率调整系数　　　　　表 2-15

序号	项目	内容	系数	适用范围
1	无赔偿优待及上年赔款记录	连续 3 年没有发生赔款	0.70	所有车辆
		连续 2 年没有发生赔偿	0.80	
		上年没有发生赔款	0.90	
		新宝或上年赔款次数在 3 次以下	1.00	
		上年发生 3 次赔款	1.10	
		上年发生 4 次赔款	1.20	
		上年发生 5 次及以上赔款	1.30	
2	多险种同时投保	同时投保车损险、第三者责任险	0.95～1.00	
3	客户忠诚度	首年投保	1.00	
		续保	0.90	
4	平均年行驶里程	平均年行驶里程<30000 公里	0.90	
		平均年行驶里程≥50000 公里	1.10～1.30	
5	安全驾驶	上一保险年度无交通违法记录	0.90	
6	约定行驶区域	省内	0.95	不适用家庭自用车
		固定路线	0.92	
		场内	0.80	
7	承保数量	承保数量<5 台	1.00	不适用于家庭自用车
		5 台≤承保数量<20 台	0.95	
		20 台≤承保数量<50 台	0.90	
		承保数量≥50 台	0.80	

续上表

序号	项目	内容	系数	适用范围
8	指定驾驶人	指定驾驶人	0.90	仅适用于家庭自用车
9	性别	男	1.00	
		女	0.95	
10	驾龄	驾龄<1年	1.05	
		1年≤驾龄<3年	1.02	
		驾龄≥3年	1.00	
11	年龄	年龄<25岁	1.05	
		25岁≤年龄<30岁	1.00	
		30岁≤年龄<40岁	0.95	
		40岁≤年龄<60岁	1.00	
		年龄≥60岁	1.05	
12	经验及预期赔付率	40%及以下	0.70~0.80	仅适用于车队
		40%~60%	0.80~0.90	
		60%~70%	1.00	
		70%~90%	1.10~1.30	
		90%以上	1.30以上	
13	管理水平	根据风险管路水平和业务类型	0.70以上	
14	车辆损失险车型	特异车型、稀有车型、古老车型	1.30~2.00	

(2)约定行使区域系数中"场内"指仅在工地、机场、厂区、码头等固定范围内。"省内""固定线路""场内"三项系数不能同时使用;家庭自用车不能使用"固定线路"及"场内"费率调整系数。

(3)承保数量系数是根据同一被保险人或同一投保人在一个投保年度内,在同一保险公司投保车辆数的情况选择使用。家庭自用车不能使用该费率调整系数。

(4)指定驾驶人系数、性别系数、驾龄系数、年龄系数仅适用于家庭自用车指定驾驶人的情况,当指定多名驾驶人时,以乘积结果高者为准。

(5)经验及预期赔付率系数、管理水平系数适用于车队。经验及预期赔付率系数、管理水平系数不能同时使用。

(6)使用规则:

①费率调整系数采用费率连乘的方式,即:

$$费率调整系数 = 系数1 \times 系数2 \times 系数3 \times \cdots \times 系数n$$

②使用费率调整系数后,各险别的费率优惠幅度超过监管部门规定的最大优惠幅度时,按照监管部门规定的最大优惠幅度执行。

技能实训

实训一 汽车保险基本原则运用

班级		姓名		学号	
指导老师		日期		成绩	
拟工作岗位	汽车保险查勘定损员、汽车保险理赔员				
实训项目	汽车保险基本原则实际运用				
实训目的	1. 了解车辆使用中有哪些风险; 2. 掌握风险与保险之间的关系; 3. 能够准确区分各风险中的可保风险与不可保风险; 4. 能够根据交通事故现场查看的具体情况,依据保险的基本原则找出造成交通事故的直接原因、准确判定事故责任、确定事故损失补偿金额				
实训设备	电话、电脑、办公桌椅、《机动车交通事故责任强制保险条款》、纸、笔、机动车交通事故责任强制保险基础费率表				
实训方式	以小组为单位(6人一组),1人为组长,组织其他同学一起分析案例,完成任务				

案例分析	情景案例
	  某物流公司的物流车投保商业三者险、机动车损失险、车上货物责任险,标的车辆在保险期间内,在送货的途中恰逢突降暴雨,由于路面湿滑及驾驶人视线受到影响,标的车辆行驶至一转弯处发现对面来车占用部分车道,驾驶人及时制动减速并规避对面来车,导致标的车辆与山体发生碰撞,造成标的车辆车体受损且无法继续行驶。驾驶人向保险公司说明后,经过后期保险公司查勘员及定损员确认,车辆维修费用8000元,施救费用3500元,车辆所拉货物损失2000元,事后被保险人去保险公司要求理赔。
	  阅读上述案例描述,完成下列任务。
	  任务一:保险公司能否赔偿该车的相关损失?被保险人能获得哪些赔付损失?试用保险的基本原则试分析理由。
	
	  任务二:分析物流车在使用过程中能遇到那些风险?为了减少该车的风险损失,该车还应该投保那些险种?				

续上表

案例分析	任务三:讨论机动车在使用过程中能遇到哪些风险？思考这些风险是否都可以通过事先购买机动车辆保险进行风险管理？如果能,为什么？		
	序号	可保风险	不可保风险
	1		
	2		
	3		
	4		
	5		

实训小结	

实训二 机动车保险产品介绍及保费计算

班级		姓名		学号	
指导老师		日期		成绩	
拟工作岗位	机动车保险电话销售员、保险公司客服专员				
实训目的	1. 进一步了解机动车保险相关政策、法规； 2. 能够运用已经掌握的机动车交强险和机动车商业保险条款,正确回答客户提出的问题； 3. 能解释交强险和商业三者险的区别； 4. 能识别商业险中哪些是主险,哪些是附加险； 5. 能够正确计算机动车交强险和商业险的保费				
实训设备	电话、电脑、办公桌椅、《机动车交通事故责任强制保险条款》、纸、笔及机动车交通事故责任强制保险和商业险基础费率表				
实训方式	以小组为单位(6人一组),进行情景演练(1人担任组长,1人扮演汽车保险电话销售员,1人扮演客户,剩余3人进行保费计算),最终完成任务				
案例分析	情景案例 　　保险公司汽车保险客服专员陈某接到客户赵先生的来电,去年3月赵先生的爱车曾发生了一次有责任但不涉及死亡的道路交通事故,受害人死亡伤残赔偿13万,医疗费3万元,财产损失费5000元,本次事故损失共计16.5万元,该车只投保了交强险。 问:1. 保险公司为什么仅赔付了12.2万元？ 2. 下一年度交强险的保费是多少？ 3. 该车投保了交强险是否可以不用再投保商业第三者责任险？				

续上表

案例分析	4.该车作为上下班代步交通工具,如果下一年还想买商业险的车损险、第三者责任险、车上人员责任险、盗抢险、车身划痕损失险及玻璃单独破碎损失险,并对以上险均约定不计免赔率特约条款,相应的保费应是多少? 任务一:准备标准表达和保险条款,运用专业知识通过情景演练的方式,解答赵先生的疑问。 任务二:为赵先生的爱车计算下一年度商业险相应的保费。 (1)交强险保费。 (2)商业险保费。 任务三:查找交强险与商业三责险的不同之处。 | 商业三责险 | 交强险 | 商业三责险 | 交强险 | |---|---|---|---| | 以盈利为目的 | | 过错责任原则 | | | 保险公司自愿经营、投保人自愿购买 | | 保险责任范围窄、有较多的免赔率(额) | | | 保险公司核保、投保人可退保 | | 后赔 | | | 费率市场化、投保人自选保险限额 | | | | 任务四:简述赵先生投保的险种中哪些是主险,那些是附加险?
实训小结	

模 块 小 结

本章首先介绍了保险的基础知识,在这部分中讲述了风险、保险及风险与保险的关系,其次阐述了机动车交强险的发展历程、特点、条款及保费的计算,最后详细讲解了机动车商业险条款的发展、商业险的险种、条款及保费计算的相关内容。

通过学习,机动车保险从业人员可以熟悉机动车保险的基础知识、掌握交强险和商业险的条款、费率浮动及保费计算,能够根据交通事故现场查勘的具体情况,依据保险的基本原则,找出造成交通事故的直接原因,准确判定事故责任,为提升业务水平打下理论基础。

思考与练习

(一) 填空题

1. 风险的要素包括_____、_____和_____。
2. 保险按具体的性质可分为_____、_____和_____。
3. 保险包括_____、_____、_____和_____四项基本原则。
4. 保险的基本职能有两种,即_____和_____。
5. 最大诚信原则的内容主要是_____和_____两个方面。
6. 机动车保险产品一般分为_____和_____。
7. 机动车商业保险险种分为_____和_____两部分。
8. 机动车商业保险的主险是对_____。主险包括_____、_____、_____、_____。
9. 机动车商业保险的附加险是对_____。附加险包括_____、_____、_____、_____、_____。
10. 交强险的保障内容包括受害人的_____和_____。
11. 1927年,全世界第一份机动车交通事故责任强制保险单在_____诞生。2004年5月1日,我国颁布_____。
12. _____,国务院常务会议审议通过了《机动车交通事故责任强制保险条例》,并于同年_____正式实施,我国的机动车交通事故责任强制保险就此走进了普通民众的生活。

(二) 判断题

1. 可保风险与不可保风险的范围与内容的划分是固定不变的。　　　　　(　　)
2. 保险标的的损失价值必须用货币来衡量。　　　　　　　　　　　　　(　　)
3. 不是所有的风险都是可保的,保险人承担的风险称为可保风险。　　　(　　)
4. 被保险人初次违反保险最大诚信原则可以不用承担相应责任。　　　　(　　)
5. 机动车交通事故责任强制保险是国家规定强制性缴纳的,机动车商业险的保险险种可以根据车主或企业的需求自主购买。　　　　　　　　　　　　　　　　(　　)
6. 附加险可以单独承保,必须投保相应主险后才能承保。　　　　　　　(　　)
7. 保险公司不需要保监会批准,就可在我国经营机动车保险产品。　　　(　　)
8. 交强险中的受害人包括驾驶人本人。　　　　　　　　　　　　　　　(　　)

(三) 简答题

1. 简述风险的三要素及三者之间的关系。
2. 保险的基本原则是什么?
3. 违反最大诚信原则该如何处理?
4. 什么是机动车交通强制保险?
5. 简述交强险与商业三者险的区别。

(四) 案例分析题

1. 安某的家庭自用轿车向保险公司投保了车辆损失险、第三者责任险。在保险期限内,

安某驾车行驶至某一路口,该路口因自来水水管爆裂导致路面大面积积水,安某的车辆被水淹且因操作不当导致该车无法起动,后经定点修理厂检修确定为发动机损坏,修理费共计4万余元。随后,安某携带修理票据向保险公司提出索赔。根据保险基本原则试分析,该车能否被赔偿,并说明原因。

2. 王女士的家庭自用高尔夫轿车于2018年12月10日保险到期,上3个及以上年度未发生有责任道路交通事故,试计算该车本年度交强险应缴纳多少保费?

3. 赵先生的家庭自用奥迪轿车于2018年12月10日保险到期,该车上一个年度发有责任道路交通死亡事故,受害人死亡伤残赔偿50万元,医疗费1万元,财产损失1500元,问本次事故中保险公司的赔付金额是多少,明年其交强险的保费将是多少?

模块三　机动车保险展业实务

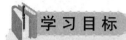

☞知识目标
1. 解释机动车投保含义；
2. 阐述机动车投保方式；
3. 熟悉机动车保险承保流程。

☞能力目标
1. 能够根据客户的需求制定最佳投保方案；
2. 能够指导客户完成机动车保险单填写。

☞情感目标
1. 具有事业心和责任感,爱岗敬业,乐于奉献；
2. 具有互助合作精神,能正确评价自我,阔达大度,积极乐观；
3. 具有理性的就业观念和良好的职业道德；
4. 具有一定的人际交流能力和服务客户意识。

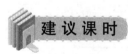

12 课时。

 案例导入

40 岁的赵先生驾龄 5 年,他新买了一辆北京现代瑞纳轿车,作为家庭自用车,新车购置价 8.9 万元。该车主要作为上下班代步交通工具,偶尔出游使用,无不良事故记录,平时停放在单位及小区停车场。该车还有 1 个月保险到期,赵先生前往保险公司投保。

阅读上述材料,思考如下问题:
1. 作为保险公司的保险销售员,请为赵先生设计一款适合他爱车的最佳机动车保险投保方案,并计算出相应的保费。
2. 指导赵先生完成机动车保险单填写任务,并为其办理机动车保险承保业务。

相关知识

机动车保险包括投保与承保两部分,投保与承保业务需要工作人员具备丰富的专业知识和工作经验,当投保人提出保险请求,承保人对其投保信息进行审核后,可与符合投保条件的投保人签订合同,并承担保单合同规定的保险责任,最终完成机动车保险承保服务任务。

一、机动车投保

1. 含义

投保是指投保人向保险人表达缔结保险合同的意愿。机动车保险的投保是指对保险车辆有保险利益的一方(如机动车的所有者等)购买机动车保险的保险单的过程。

2. 投保的方式

1) 电话投保

电话投保,即车主与保险销售员通过电话约定投保人要投保哪种车险的投保方式,选择电话方式投保的多为续保业务,因为投保人原始的资料已在机动车保险公司备存,只要投保人向机动车保险公司表明自己还需要公司提供原有的车险业务即可。由于电话投保车险费率比其他渠道的投保费率低15%左右,因此越来越多的投保人选择电话投保的方式投保车险。电话投保以专用电话号码通过打电话的形式和各位车主沟通,通过微信、邮箱、短信的方式报价,完成保险产品的介绍、咨询、报价、保单确认等销售过程的业务。近年来,电话投保已经成为车险公司的主要销售模式之一,但部分投保人在被低价格吸引的同时,也对这种通过网络、电话投保的新模式心存顾虑。截至目前,全国已有13家车险公司获得了车险电销许可,详见表3-1。

13家开通电话车险公司及电话车险投保号码　　　　表3-1

开通电话车险公司	电话车险投保号码	开通电话车险公司	电话车险投保号码
人保车管家	400-1234567	渤海机动车保险	400-611-1100
平安车险	4008-000000	大平机动车保险	95590
太平洋保险	1010-8888	国寿财险	4008-007-007
大地保险	95590	华泰财险	40060-12345
阳光保险	400-000000	中银保险	40069-95566
安邦保险	400-111111	中华联合	4001-999999
民安保险	400-123123		

2) 到保险公司投保

到保险公司投保是最传统的投保方式,投保人可以到保险公司全面了解车险种类,最大限度避免了自己被骗投保的可能。但是,由于向保险公司投保需要投保人携带很多资料,对于不是特别了解车险的投保人,可能会因为漏带资料等原因浪费很多时间和精力。另外,使用该种方式办理理赔时,手续也较为烦琐,需要投保人亲自办理。

3) 上门推销投保

由于保险行业竞争日趋激烈,一些机动车保险公司为了直接推销机动车保险单,招揽业务,要求本公司业务员上门寻找客源。在这种情况下,投保人就可以节省很多时间和精力,同时由于是一对一服务,大部分投保人都可以享受到较为满意的服务。这种方式适用于经营规模大、实力雄厚、分支机构健全的机动车保险公司。

4)网上投保

随着互联网技术的不断发展,人们的许多需求服务都可以通过网上订购得到满足。投保人可以到各大保险公司的官网了解自己想要投保车险的相关内容,一些保险公司已经配备了完善的网络营销系统,可以在网上直接填写保单,实现在线支付及在线客服答疑。如果确定购买意向,就会有专人上门服务,可以通过POS机和寄送保单的形式支付。同时,网上投保费率还会有优惠。

5)通过4S店投保

国内近年来4S店的兴起使保险公司随之兴起。到目前为止,投保人通过4S店投保较多。

6)通过保险代理人投保

通过保险代理人投保是指机动车保险公司与保险代理人签订代理合同(或授权书),委托代理人在职权范围内为机动车保险人招揽业务。保险代理人对机动车保险要有专业知识,熟悉法律规定和机动车保险条款,并富有风险管理经验,能为大企业制定风险管理和投保方案。不同投保方式的优缺点见表3-2。

机动车投保方式的比较一览表　　　　　　　　　表3-2

途径	优点	缺点
电话投保	成本低、效率高、标准化,足不出户、保险单送上门	消费者易产生抵触心理,客户信息准确度低
到保险公司投保	一站式服务,货比三家,佣金低	仅提供咨询和承保服务,易发生纠纷
上门推销投保	保费可能会便宜一些	花费自己的时间,处理理赔事宜较麻烦
网上投保	高效便捷、价格优惠、经营管理成本降低,足不出户,保险单送上门	缺乏个性服务,消费者对网络安全认同度低
4S店投保	一条龙服务,保险公司进入4S店签订了全国的合作协议(代理事故处理的协调,保险4S店事故协助救援)	讨价还价费口舌,如选择不当有风险
保险代理人投保	一对一服务,人员稳定,可为客户提供较多的产品设计方案,办理手续、协助理赔	销售和管理成本高

3.投保的流程

1)了解保险条款及费率

机动车投保人选择机动车保险时,应了解自身的风险和特征,根据实际情况选择个人所需要的风险保障。同时,投保人应了解机动车保险市场现有保险产品、保险条款及费率,以便购买适合自身需要的机动车保险。

2)选择保险公司

根据已知保险条款,了解当地的保险公司及其提供服务的内容及信誉度,以充分保障自己的利益。

影响选择机动车保险投保公司的主要因素有市场信誉度及偿付服务能力、服务网络全国化水平、保险产品的"性价比"、费率优惠和无赔款优待的规定、增值和个性化服务水平以及保险公司的地理位置等。

3)深入了解各种险种及保费

根据选择的保险公司,对比分析不同保险公司险种,再次深入了解保险公司各类不同险种的保险条款及保费计算方法。

4)选择投保途径

挑选保险代理人,可通过专业代理人或保险经纪人(兼业代理人)。

5)选择投保方案及保费计算

根据客户的用途、需求不同,保险人可为投保人设计不同险种组合(险种方案)。

(1)投保方案一:最低保障方案。

险种组合:机动车交通事故责任强制保险。

保障范围:只对第三者的损失负赔偿责任。

适用对象:急于上牌照或通过年检的个人。

特点:适用于那些怀有侥幸心理,认为上保险没用的投保人或急于拿保险单去上牌照或验车的投保人。其优点是可以用来应付上牌照或验车的流程,缺点是一旦发生交通事故,对方的损失能得到保险公司的一些赔偿,但是投保人车辆的损失只能由自己负担。

 案例 3-1

蔡女士的家庭自用日产尼桑奇骏轿车,交强险保险即将到期,车辆需要年检,该车上2个年度未发生有责任道路交通事故。根据蔡女士车辆的使用情况,请保险营销员为其推荐一款适合她的投保方案,并计算该车本年度应缴纳的保费。

 案例分析

(1)根据蔡女士的情况,保险营销员为其推荐保险方案一。

(2)根据已知信息,查询表2-2,可知该车交强险基础保险费为950元。

(3)根据已知信息,查询表2-4,可知该车交强险费率浮动比率为-20%。

(4)由式(2-2)可得该车的最终保费为:

保险费 = 交强险基础保险费×(1 + 与道路交通事故相联系的浮动比率A)

= 950×(1 - 20%) = 760(元)

即该车本年度应缴纳交强险保费760元。

(2)投保方案二:基本保障方案。

险种组合:机动车交通事故责任强制保险 + 车辆损失险 + 第三者责任险(15万元)。

保障范围:只投保基本险,不含任何附加险。

适用对象:有一定经济压力的个人或单位。

特点:适用于部分认为事故后修车费用很高的投保人。这类人群认为意外事故发生率比较高,因此需为自己的车辆和第三者的人身伤亡和财产损毁寻求保障,此组合被很多投保人所青睐。其优点是必要性最高,缺点是并非最佳组合(最好加入不计免赔特约险)。

案例 3-2

40岁的张女士,驾龄1年,拥有一辆家庭自用五座北京现代BH7141MY舒适型轿车,车型编号为BBJKROUD0001,新车购置价为16万元,车龄为1年,本人有车贷,保险即将到期,上一年度发生两次及两次以上有责任的道路交通事故。根据张女士车辆的使用情况,请保险营销员为其推荐一款适合她的投保方案,并计算该车本年度应缴纳的保费。

 案例分析

(1)根据张女士的情况,保险营销员为其推荐投保方案二。

(2)根据已知信息,查询表2-2及表2-4,可知该车交强险基础保险费为950元,交强险费率浮动比率10%。由式(2-2)可得该车的交强险保费为:

交强险保险费 = 交强险基础保险费 × (1 + 与道路交通事故相联系的浮动比率A)
= 950 × (1 + 10%) = 1045(元)

(3)根据已知信息,查询表2-10,可得该车相应的机动车损失险保费为1054元。

(4)根据已知信息,该家庭自用轿车属于6座以下的车辆。保险限额为15万元,查询表2-8,可知该车投保机动车第三者责任险的保费为328.52元。

(5)该车本年度应缴保费 = 机动车交通事故责任强制保险 + 车辆损失险 + 第三者责任险
= 1045 + 1054 + 328.52 = 2427.52(元)

即该车本年度应缴纳保费2427.52元。

(3)投保方案三:经济保障方案。

险种组合:机动车交通事故责任强制保险 + 车辆损失险 + 第三者责任险(30万元) + 全车盗抢险 + 不计免赔特约险。

保障范围:既投保交强险,又投保主险。

适用对象:个人,是精打细算的最佳选择。

特点:是投保最必要、最有价值的险种,优点是投保价值最高,保险性价比最高,缺点是不投保附加险。

 案例 3-3

28岁的马先生拥有实习驾照及一辆五座北京现代BH7141MY舒适性轿车,车型编号为BBJKROUD0001,车龄为2年,新车购置价为16万元,无固定车库,保险即将到期,上一年度未发生有责任道路交通事故。根据马先生的情况,请保险营销员为其推荐一款适合他的投保方案,并计算该车本年度应缴纳的保费。

 案例分析

(1)根据马先生的情况,保险营销员为其推荐投保方案三。

(2)根据已知信息,查询表2-2及表2-4,可知该车交强险基础保险费为950元,交强险费率浮动比率 -10%。由式(2-2)可得该车的交强险保费为:

交强险保险费 = 交强险基础保险费 × (1 + 与道路交通事故相联系的浮动比率A)
　　　　　　 = 950 × (1 − 10%) = 855(元)

(3) 根据已知信息，查询表2-10，可知该车相应的机动车损失险保费为992元。

(4) 根据已知信息，该家庭自用轿车属于6座以下的车辆，保险限额为30万元。查询表2-8，可知该车投保机动车第三者责任险的保费为402.91元。

(5) 查询表2-7，可知该车的月折旧率为0.6%。

由式(2-3)可得该机动车的折旧金额为：

折旧金额 = 投保时的新车购置价 × 被保险机动车已使用月数 × 月折旧率
　　　　 = 160000 × 24 × 0.6% = 23040(元)

同时，该机动车的车辆实际价值 = 新车购置价 − 折旧金额 = 160000 − 23040 = 136960(元)
即该车的实际价值为136960元。

(6) 根据已知信息，查询表2-9，可知该车相应的盗抢险的基础纯风险保费为31.20元，纯风险费率为0.2054%。由式(2-7)可得该车投保机动车全车盗抢险的保费为：

保费 = 基础纯风险保费 + 车辆实际价值 × 费率
　　 = 31.20 + 136960 × 0.2054% = 312.52(元)

(7) 根据已知信息，查询表2-13，可知相应的第三者责任险、机动车损失保险及盗抢险的不计免赔率的费率分别为15%、15%、20%。根据式(2-12)可得该车不计免赔率特约条款的保费为：

保费 = 992 × 15% + 402.91 × 15% + 312.52 × 20% = 271.73(元)

则该车总保费为 = 855 + 992 + 402.91 + 312.52 + 271.73 = 2834.16(元)

(4) 投保方案四：最佳保障方案。

险种组合：机动车交通事故责任强制保险 + 车辆损失险 + 第三者责任险(50万元) + 车上人员责任险(驾驶人4万元、乘客2万元/座) + 玻璃单独破碎险 + 车身划痕损失险(1万元) + 全车盗抢险 + 不计免赔特约险。

保障范围：既有交强险，又有主险和附加险。

适用对象：一般公司或个人。

特点：在经济投保方案的基础上，加入了车上人员责任险及玻璃单独破碎险，使乘客及车辆易损部分得到安全保障。其优点是投保价值大的险种，不花"冤枉钱"，物有所值。

案例3-4

李先生拥有一辆七座别克SGM6529ATA舒适版出租汽车，车型编码为BTYPBLUC0024，车龄为2年，新车购置价为20万元，高配，无固定车库，上一年度未发生有责任道路交通事故，保险即将到期。根据李先生的情况，请保险营销员为其推荐一款适合他的投保方案，并计算该车本年度应缴纳的保费。

案例分析

(1) 根据李先生的情况，保险营销员为其推荐投保方案四，约定车身划痕险保额为10000元，按国产玻璃投保。

(2)根据已知信息,查表询2-2及表2-4,可知该车交强险基础保险费为950元,交强险费率浮动比率-10%。由式(2-2)可得该车的交强险保费为:

交强险保险费 = 交强险基础保险费 × (1 + 与道路交通事故相联系的浮动比率 A)
$$= 950 \times (1 - 10\%) = 855(元)$$

(3)根据已知信息,查询表2-10,可知该车相应的机动车损失险保费为3528元。

(4)根据已知信息,查询表2-8,可知该车投保机动车第三者责任险的保费为1583.58元。

(5)根据已知信息,查询表2-10,可知相应的费率为:驾驶人0.1040%,乘客0.0624%,由式(2-6)、式(2-7)得:

驾驶人保费 = 每次事故责任限额 × 费率 = $40000 \times 0.1040\% = 41.60(元)$

乘客保费 = 每次事故每人责任限额 × 费率 × 投保乘客座位数
$$= 20000 \times 0.0624\% \times 4 = 49.92(元)$$

即该车投保机动车车上人员责任险,驾驶人保费为41.60元,乘客保费为49.92元,共计91.52元。

(6)查询表2-7,可知该车的月折旧率为0.6%。

由式(2-3)可得该机动车的折旧金额为:

折旧金额 = 投保时的新车购置价 × 被保险机动车已使用月数 × 月折旧率
$$= 200000 \times 24 \times 0.6\% = 28800(元)$$

同时,该机动车的车辆实际价值 = 新车购置价 - 折旧金额
$$= 200000 - 28800 = 171200(元)$$

即该车的实际价值为171200元。

(7)根据已知信息,查询表2-9可知,相应盗抢险的基础纯风险保费为23.40元,纯风险费率为0.1144%。由式(2-7)可得该车投保机动车全车盗抢险的保费为:

保费 = 基础纯风险保费 + 车辆实际价值 × 费率
$$= 23.40 + 171200 \times 0.1144\% = 219.25(元)$$

(8)根据已知信息,查询表2-9可知,相应的费率为0.0454%。由式(2-9)可得该车投保机动车玻璃单独破碎险保费为:

保费 = 车辆实际价值 × 费率 = $171200 \times 0.0454\% = 77.72(元)$

(9)查询表2-11,可知该车的车身划痕损失险411.01元。

(10)查询表2-13,可知相应的第三者责任险、机动车损失保险、车上人员责任险、车身划痕损失险及盗抢险的不计免赔率的费率分别为15%、15%、15%、15%、20%。由式(2-10)可得:

该车不计免赔率特约条款的保费 = $3528 \times 15\% + 1583.58 \times 15\% + 91.52 \times 15\% +$
$411.01 \times 15\% + 219.25 \times 20\%$
$$= 885.97(元)$$

则该车总保费为 = $855 + 3528 + 1583.58 + 91.52 + 411.01 + 219.25 + 885.97 +$
77.72
$$= 8652.05(元)$$

(5)投保方案五:完全保障方案。

险种组合:机动车交通事故责任强制保险 + 车辆损失险 + 第三者责任险(50万元) + 车上责任险(驾驶人4万元、乘客2万元/座) + 玻璃单独破碎险 + 盗抢险 + 车身划痕险(1万元) + 自燃损失险 + 机动车损失保险无法找到第三方特约险 + 不计免赔特约险。

保障范围:既有交强险,又有主险和附加险。

适用对象:机关、事业单位、大型企业。

特点:保全险,"居安思危方才有备无患"。能保的险种全部投保,不必担心交通出行所带来的种种风险。其优点是几乎与机动车有关的全部事故损失都能得到赔偿。投保的人员不必为少保某一个险种而得不到赔偿,承担投保决策失误的损失。缺点是保全险保费较高,某些险种出险的概率非常小。

案例 3-5

某商贸公司使用2辆18座依维柯N06593ER6轿车作为公司通勤车,车型编号为BNJC-DMUA0152,车龄均为4年,新车购置价均为16万元,均有电子防盗系统,均有新装价值3000元的音响一套,且两车在上三个以上年度未发生有责任道路交通事故。两车均更换过前后保险杠,且保险均即将到期。根据该公司的情况,请保险营销员为其推荐一款合适的投保方案,并计算该公司2辆车本年度应缴纳的保费。

案例分析

(1)根据该商贸公司的情况,保险营销员为其推荐投保方案五,约定车身划痕险保额为1万元,按国产玻璃投保。

(2)根据已知信息,查询表2-2及表2-4,可知该车交强险基础保险费为950元,交强险费率浮动比率 -30%。由式(2-2)可得该车的交强险保费为:

$$保费 = 交强险基础保险费 \times (1 + 与道路交通事故相联系的浮动比率 A)$$
$$= 950 \times (1 - 30\%) = 665(元)$$

(3)根据已知信息,查询表2-10,可知该车相应的机动车损失险保费为1535元。

(4)根据已知信息,查询表2-8,可知该车投保机动车第三者责任险的保费为721.12元。

(5)根据已知信息,查询表2-9,可知相应的费率为:驾驶人0.1014%,乘客0.0598%。由式(2-6)、式(2-7)可得:

$$驾驶人保费 = 每次事故责任限额 \times 费率 = 40000 \times 0.1014\% = 40.56(元)$$
$$乘客保费 = 每次事故每人责任限额 \times 费率 \times 投保乘客座位数$$
$$= 20000 \times 0.0598\% \times 4 = 47.84(元)$$

即该车投保机动车车上人员责任险,驾驶人保费为40.56元,乘客保费为47.84元,共计88.40元。

(6)查询表2-7,可知该车的月折旧率为0.6%。

由式(2-3)可得该机动车的折旧金额为:

$$折旧金额 = 投保时的新车购置价 \times 被保险机动车已使用月数 \times 月折旧率$$
$$= 160000 \times 48 \times 0.6\% = 46080(元)$$

同时,该机动车的车辆实际价值 = 新车购置价 – 折旧金额
$$= 160000 - 46080 = 113920(元)$$
即该车的实际价值为 113920 元。

(7) 根据已知信息,查询表 2-9,可知相应的盗抢险的基础纯风险保费为 33.80 元,纯风险费率为 0.1456%。由式(2-7)可得该车投保机动车全车盗抢险的保费为:
$$保费 = 基础纯风险保费 + 车辆实际价值 \times 费率$$
$$= 23.40 + 113920 \times 0.1456\%$$
$$= 189.27(元)$$

(8) 根据已知信息,查询表 2-9,得到相应的费率为 0.0710%,由式(2-9)可得该车投保机动车玻璃单独破碎险保费为:
$$保费 = 车辆实际价值 \times 费率 = 113920 \times 0.0710\% = 80.88(元)$$

(9) 根据已知信息,查询表 2-11,可知该车的车身划痕损失险 419.04 元。

(10) 根据已知信息,查询表 2-12,可知自燃损失险车辆使用年限的费率为 0.052%。由式(2-9)可得该车自燃损失险的保费为:
$$保费 = 车辆实际价值 \times 车辆使用年限的费率 = 113920 \times 0.052\% = 59.24(元)$$

(11) 根据已知信息,查询表 2-12,可知机动车损失保险无法找到第三方特约险费率为 2.2708%。
由式(2-11)可得:该车机动车损失保险无法找到第三方特约险费的保费
$$保费 = 车损险基准纯风险保费 \times 费率$$
$$= 1535 \times 2.2708\% = 34.85(元)$$

(12) 查询表 2-13,可知相应的车辆损失险、第三者责任险、车上责任险、盗抢险、车身划痕险、自燃损失险的不计免赔率的费率分别为 15%、15%、15%、20%、15%、20%。根据式(2-12)可得:
$$该车不计免赔率特约条款的保费 = 1535 \times 15\% + 721.12 \times 15\% + 88.4 \times 15\% + 189.27 \times 20\% + 419.04 \times 15\% + 59.24 \times 20\%$$
$$= 464.57(元)$$

因此,总保费 = 665 + 1535 + 721.12 + 88.4 + 189.27 + 419.04 + 59.24 + 464.57 + 80.88 + 34.85 = 4257.37(元)。

则某商贸公司 2 辆 18 座依维柯通勤车的保费共计为 4257.37×2 = 8514.74 元。

(6) 投保方案六:自主选择方案。

对于要求自主选择投保方案的客户,保险销售人员应充分尊重客户的意见,向客户认真介绍各类险种,并根据客户自己的需求,帮助其计算相应的保费。

6) 确定保险方案后填写保单

投保单是投保人要求投保的书面凭证,为保险合同的要件之一。因此在投保时,不论采取哪种方式填写投保单,都需要投保人签字或盖章。填写投保单必须字迹清楚,如有更改,投保人应在更正处签字或签章。投保人为"自然人",不是由投保人办理投保手续时或投保人为"法人或其他组织"时,应由投保人出具"办理投保委托书"。以中国人民保险公司为例,其机动车交强险保单见表 3-3,商业险保单见表 3-4。

<h2 style="text-align:center">中国人民保险公司机动车交通事故责任强制保险单（正本）　　表3-3</h2>

×××××保险股份有限公司　　　　　　　　　　　　　　　　保险单号：×××××××

被保险人					
被保险人身份证号(组织机构代码)					
地址				联系电话	

保险机动车	号牌号码		机动车种类		使用性质	
	发动机号码		识别代码 (车架号)			
	厂牌型号		核定载客数		核定载质量	
	排量		功率		登记日期	

责任限额	死亡伤残赔偿限额	11000元	无责任死亡伤残赔偿限额	11000元
	医疗费用赔偿限额	1000元	无责任医疗费用赔偿限额	1000元
	财产损失赔偿限额	2000元	无责任财产损失赔偿限额	100元

与道路交通安全违法行为和道路交通事故相联系的浮动比率	%
保险费合计(人民币大写)：　　　　　(¥：　　元)其中救助基金(%)¥：　　元	
保险期间自：　年　月　日　时起至　年　月　日　时止	
保险合同争议解决方案	

代收车船税	整备质量		纳税人识别号			
	当年应缴	¥：　　元	往年补缴	¥：　　元	滞纳金	¥：　　元
	合计(人民币大写)：			(¥：　　元)		
	完税凭证号(减免税证明号)			开具税务机关		

特别约定	

重要提示	1.请详细阅读保险条款，特别是责任免除和投保人、被保险人义务。 2.收到本保险单后，请立即核对，如有不符和疏漏，请及时通知保险人并办理变更或补充手续。 3.保险费应一次性缴清，请您及时核对保险单发票(收据)，如有不符，请及时与保险人联系。 4.投保人未如实告知重要事项，对保险费计算有影响的，或者被保险机动车因改装、加装、使用性质改变等导致危险程度增加且未及时通知保险人并办理批改手续的，保险人将按照保单年度重新核定保险费，并上浮10%计收。 5.上一保险年度道路交通安全违法行为记录和有责任交通事故记录请向当地公安机关交通管理部门查询；上一保险年度有责任赔款记录请向上一保险年度承保保险公司查询，上一保险年度道路交通安全违法行为记录、有责任交通事故记录或有责任赔款记录将影响您下一保险年度的费率水平。 6.被保险人应当在交通事故发生后及时通知保险人

保险人	公司名称：				
	公司地址：				
	邮政编码：	服务电话：	签单日期：　年　月　日		(保险人签章)

核保：　　　　　　　　　制单：　　　　　　　　　经办：

机动车商业险保险单(正本)　　　　　　　　　　　　　　　表 3-4

×××××× 保险股份有限公司　　　　　　　　　　　　保险单号：××××××

保险车辆情况	被保险人							
	号牌号码			厂牌型号				
	VIN码/车架号			发动机号				
	核定载客数		人	核定载质量		千克	初次登记日期	
	使用性质			年平均行驶		公里	机动车种类	
承保险种				不计免赔	费率浮动(+、-)	保险金额、责任限额		保险费(元)
保险费合计(人民币大写)：					（¥：		元）	
保险期间：	年　月　日　时起至　年　月　日　时止							
特别约定								
保险合同争议解决方式：								
重要提示								
保险人	公司名称： 联系电话:95518 邮政编码：			公司地址： 网址:www.epicc.com.cn 签单日期：				

核保：　　　　　　　　　制单：　　　　　　　　　经办：

为避免发生不必要的麻烦,填写保单时,保险人要对投保人详细解释保单内容(如投保生效时间等),提醒投保人要仔细阅读保险条例及注意保险生效时间等。特别要提醒投保人保留好交强险副本及商业险保单(蓝色),以备审车查用。

二、机动车保险承保

机动车保险承保业务包括展业、核保、缮制及签单、批改、续保五个流程,如图 3-1 所示。

图 3-1　机动车的承保流程

机动车保险承保是指保险公司接到投保人的申请以后,考查被保险人的投保资格以及投保风险的性质,然后作出是否可以向被保险人发放保险单的决定。

承保实质上是保险双方订立合同的过程。承保即指保险人在投保人提出投保请求时,经审核其投保内容后,同意接受其投保申请,并负责按照有关保险条款承担保险责任的过程。该过程一般先由从事展业的人员为客户制定保险方案,再由客户提出投保申请,经保险公司核保后,由双方共同订立保险单。

机动车保险承保的工作流程如图3-2所示。机动车保险承保岗位的实际工作任务有设计保险方案、计算保险费、填写保单、验车、向系统录入投保信息、查验核保、出具保险单。

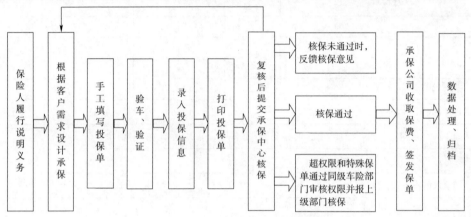

图3-2 机动车保险承保的工作流程

(一)展业

1. 概念

保险展业是保险公司进行市场营销的过程,即向客户提供保险商品的服务。

保险服务包括保险业务自身服务,即承保、防灾防损、查勘理赔等;拓展性服务,如机动车修理服务、代驾服务、风险服务等,是一种延伸意义上的服务。

展业人员可以是保险公司员工,也可以是中介机构的代理人或经纪人。展业水平直接影响保险人的业务经营量。

保险合同是指投保人支付保险费给保险人,保险人在保险标的发生保险事故或当约定的期限到达时,给予被保险人经济补偿或给付保险金的协议。近年来,保险合同纠纷不断,主要原因就是展业人员没有认真向客户解释合同。此外,一部分展业人员业务素质不过硬也是重要原因之一。

2. 展业的流程

机动车保险公司的业务人员进行展业活动前,必须作好以下各项准备。

(1)熟练掌握相关知识,要熟知条款、条款解释、费率规章及投保单填写要求。

(2)了解车辆相关情况,包括企业车辆数量、车型和用途、车辆状况、驾驶人素质、运输对象(货物/人员)、车辆管理部门等。

(3)熟知以往投保情况,包括承保公司、投保险种、投保金额、保险期限和赔付率等情况。

(4)熟知当地情况,包括当地机动车辆交通事故情况、处理规定等。

(5)熟知保险宣传方式。宣传方式多种多样,如广告宣传、召开座谈会、电台和报刊播放或登载保险知识系列讲座、印发宣传材料等。

(二)核保

1. 概念

核保是指保险人在承保前,对保险标的的各种风险情况加以审核与评估,从而决定是否承保、承保条件与保险费率的过程。

2. 意义

核保的意义有如下四点:

(1)防止逆选择,排除经营中的道德风险。

(2)确保业务质量,实现经营的稳定。

保险公司要实现稳定经营,控制承保业务的质量是关键环节之一。但是,在实际工作中发展与管理始终是一对矛盾。其主要表现为:

①保险公司为了拓展业务而急剧扩充业务人员,这些新人员的素质有限,无法认识和控制承保的质量。

②保险公司为了扩大保险市场占有份额,稳定与保护的业务关系,放松了对拓展业务方面的管理。

③保险公司为了拓展新的业务领域,可能会开发一些不成熟的新险种,签署一些未经详细论证的保险协议,增加了风险因素。

(3)扩大保险市场规模,并与国际惯例接轨。

(4)实现经营目标,确保持续发展。

3. 核保的内容

在计算保费及得到正式保单后,应进行核保。保险人在承保时必须经过核保过程。

1)审核投保单

业务人员在接收到投保单以后,首先要根据保险公司内部制定的承保办法决定是否接受此业务,审查投保单所填写的各项内容是否完整、清楚、准确。

2)验证

结合投保车辆的有关证明(如车辆行驶证、介绍信等),进行详细审核。检查投保人称谓与其签章是否一致。检验投保车辆的行驶证是否与保险标的相符,投保车辆是否年检合格。核实投保车辆的合法性,确定其使用性质。检验车辆的牌照号码、发动机号码是否行驶证一致等。

3)查验车辆

根据投保单、投保单附表和车辆行驶证,对投保车辆进行实际查验。内容主要包括:

(1)确定车辆是否存在和有无受损,是否有消防和防盗设备等。

(2)车辆本身的实际牌照号码、车型及发动机号、车身颜色等是否与行驶证一致。

(3)车辆的操纵安全性与可靠性是否符合行车要求,重点检查转向、制动、灯光、喇叭、刮水器等涉及操纵安全性的因素。

(4)检查发动机、车身、底盘、电气等部分的技术状况。根据检验结果,确定整单的新旧成数。对于私有车辆一般需要填具验车单于保险单副本上。

4)核定保费

根据选定的保险方案对计算得出的保费进行审核。

(三)缮制及签单

1. 缮制保险单

保险公司的业务人员接到投保单及其附表以后,可依据核保人员签署的意见开展缮制保险单工作。

2. 复核保险单

复核人员接到保险单、投保单及其附表后,应认真对照、复核。复核无误后,由复核人员在保险单"复核"处签章。

3. 收取保险费

收费人员经复核保险单无误后,向投保人核收保险费,在保险费收据上加盖专用章。

4. 签发保险单证

投保人交纳保险费后,业务人员必须在保险单上注明公司名称、详细地址、邮政编码及联系电话,并加盖保险公司业务专用章。同时,业务人员应根据保险单填写《机动车保险证》并加盖保险公司业务专用章,所填内容应与保险单有关内容一致,险种一栏填写总颁险种代码,电话应填写公司报案电话,所填内容不得涂改。另外,保险人应对投保人说明投保后的如下注意事项。

(1)依照《中华人民共和国保险法》及监管部门的有关要求,严格按照条款向投保人告知投保险种的保障范围,特别要明示责任免除及被保险人义务等条款内容。

(2)对车险基本和附加险条款解释容易发生置疑,特别是设计保险责任免除的责任。

(3)应主动提醒投保人履行如实告知的义务。

(4)应向客户详细解释拖拉机和摩托车保险采用定额保单和采用普通保单承保的差异。

(5)在客户投保保险种选择与本公司因风险合理控制、有条件限制的承保险种之间在差别时,应耐心做好宣传解释工作。

5. 保险单证补录

手工出单的机动车辆保险单、批单、提车暂保单、定额保单,必须逐笔补录到公司计算机动车辆保险业务的数据库中,补录工作应在出单后10个工作日内完成。

单证补录前应经专人审核、检查,并使用专业输录软件录入。

6. 保险单证的清理与归档

对投保单及其附表、保险单及其附表、保险费收据、保险证,应由业务人员清理归类。

出具保险单(证)的注意事项有如下五点:

(1)经核保人员签署同意意见、收取保险费后,出单人员即可打印保险单、保险标志及保险证等保险单证。

(2)通过电脑系统打印交强险保险单、保险标志、商业保险单、保险证时,必须先输入所用单证的印刷流水号码,系统将自动检查制单人员是否有权使用此张单证:有权使用则开始打印,并在单证管理系统中自动将该张保险单标识为"已使用",自动销号;无权使用的则禁止打印。

(3)保险单打印错误(包括打印后需要重新修改、打印格式错位等),需要再次打印保险单时,必须将上一次打印时使用的监制单证印刷流水号进行"作废"登记后,方可以再次打印新的保险单证。

(4)保险单打印完毕后,出单人员应在保险单上加盖保险公司业务专用章。

(5)除定额保险单外,保险证应保证"一车一证";投保交强险的车辆,每车打印保险标志。保险证、保险标志均应通过业务处理系统打印。交强险单证及保险标志使用的相关注意事项如下:

①交强险单证包括交强险保单和交强险批单、交强险标志,全国执行统一格式。

②交强险标志是证明投保人已经投保交强险的标识,分内置型和便携型两种。

③交强险必须单独出具保险单、保险标志、发票。保险单、保险标志必须使用保监会监制的交强险保险单、保险标志,不得使用商业保险单证代替。

④签发交强险单证和交强险标志时,有关内容不得涂改,涂改后的交强险单证和交强险标志无效。

⑤交付交强险单证及保险标志时,应提示被保险人妥善保管交强险单证,在公安机关交通管理部门注册或检验时,将"公安机关交通管理部门留存联"交公安机关交通管理部门留存,并按规定张贴或携带交强险标志。

⑥多车投保业务处理。打印保险单时可以根据投保人的要求"一车一单"打印,打印方式与单台车承保相同;也可按保险单加附表的方式打印。

(四)批改

1. 概述

批改是指在保险单签发以后,对保险单的一些内容进行修改或增减。在这过程中,需要签发书面证明,即"批单",批改后的结果通常用批单表示。

2. 内容

保险车辆在保险有效期内,发生如下变更事项的,应立即批改保险单证的手续:①保险车辆转让、转卖、赠送他人或增加危险程度;②保险车辆变更使用性质;③保险车辆调整保险金额或每次事故最高赔偿限额;④保险车辆终止保险责任。

3. 批改手续

被保险人申请办理批改,应填批改申请书一份,签章后连同保险单一并送交保险人。保险人收到批改申请,经审核同意后,即签发批单,并填写制单日期。批改文字应力求简洁明了、词义明确,签妥后,应将批单加盖保险公司公章,并分别粘贴在保险单正、副本上,分别加盖骑缝章。批单应另行统一编号,被保险人的批改申请书应与其投保单、保险单副本、批单副本一起存档。

4. 批改种类

机动车辆保险的批改包括以下 11 种:变更被保险人、变更保险责任、变更保险金额、变

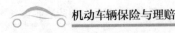

更保险期限、变更使用性质、变更险种、无赔退费、约定退费、注销保险单、注销批单、退保。

5. 核算收、退保费

在办理批改手续时,需要加收或退还被保险人保险费,应按下列方法核算。

加收保险费=(调整后保险费-调整前保险费)×未到期责任天数/365;

退还保险费=(调整前保险费-调整后保险费)×未到期责任天数/365。

(五)续保

1. 概述

保险期满后,投保人在同一保险人处重新办理保险业务相关事宜的过程称为续保。

在机动车保险业务中,原保险单到期之后续保之前这段时间之内发生事故一般无保险保障。因此,续保手续一般在原保险期到期前1个月开始办理,且在续保通知书中应注明"续保出单前,如有保险责任事故发生,应重新计算保险费,全年无保险责任事故发生的,可享受无赔款优待"等字样。

续保具有三大优点:省时省力、成本低(老客户维持成本相对较低)、可以新增更多业务(有更多时间开拓新增客户)。

2. 开展续保的方式

1)主动推广

(1)收集来厂客户保险信息。

(2)不管保险是否到期,都向客户宣传公司的续保优势。

(3)根据客户保险到期情况,提前1个月主动与客户进行沟通推广。

2)需求分析

(1)对顾客上一年的保单进行分析:险种是否合理、保额是否充足。

(2)了解客户对保障的需求,再次确认投保险种。

(3)建议增加的险种要符合客户对保障的需求,弥补过去不足之处。

3)价格确认

(1)向合作的保险公司查询上一年度保险赔付情况。

(2)查询新车购置价和折扣率。

(3)计算保费。

(4)确认投保险种与价格无误后,填写投保单,由客户签字确认。

(5)与客户确认优惠方式。

(6)由客户向保险公司缴纳相应保费。

4)保险出单

(1)将客户确认的投保单、客户投保信息(包括行驶证复印件、身份证复印件或组织机构代码证复印件)传真给保险公司出单。

(2)要求保险公司出单后,马上将保单和发票送至保险公司,并递交给收银员保管。

(3)保险出单时,保险人应向投保人告知的注意事项,如购买险种、金额、起保日期等。

5)保单验收

对保险公司出具的保单进行项目确认,包括车辆信息、投保险种、起保时间投保金额等内容。如果发现与投保单不一致的情况,须要求保险公司立即出批改单。

6) 兑现优惠

(1) 收银员依据保险公司的商业险保单金额计算出优惠的金额(采取四舍五入法,并去掉个位数零头)。

(2) 依照业务员与客户协商的方式兑现优惠。

7) 保单送达

(1) 与顾客沟通保单送达方式(上门送单、顾客自取等)。

(2) 与客户面对面签收交接保单和充值卡。

8) 回访致谢

(1) 出单后第 3 天联系续保客户再次表示感谢。

(2) 提醒客户出险须知。

(3) 再次重申本公司续保售后服务内容。

(4) 要求客户推荐介绍。

3. 续保流程

续保流程如图 3-3 所示,续保时投保人需要提供如下三类单据:

(1) 上一年的机动车车辆保险单;

(2) 保险车辆的经公安机关交通管理部门核发并检验合格的行驶证和车辆号。

(3) 所需的保险费,注意保险金额和保险费须重新确定。

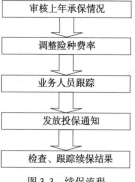

图 3-3 续保流程

(六) 退保

1. 概述

退保是指在保险合同没有被完全履行时,经投保人向被保险人申请及保险人同意,解除双方由合同确定的法律关系,保险人按照合同约定退还保险单的现金价值的过程。投保人保险合同成立后,可以书面通知要求解除保险合同,保险公司在接到解除合同申请书之日起,接受退保申请,保险责任终止。

2. 退保人资格

办理退保时要注意申请退保的资格人为投保人,如果被保险人申请办理退保,须取得投保人书面同意,并由投保人明确表示退保金由谁领取。

3. 办理退保时需要提供的文件

(1) 投保人的申请书,被保险人要求退保的,应当经提供投保人书面同意的退保申请书。

(2) 有效力的保险合同及最后一次缴费凭证。

(3) 投保人的身份证明。

(4) 委托他人办理的,应当提供投保人的委托书、委托人的身份证。在保险单有效期内,该车辆没有向保险公司报案或索赔过的可退保,从保险公司得到过赔偿的车辆不能退保,仅向保险公司报案而未得到赔偿的车辆也不能退保。此外,办理退保和投保的地点应保持一致。办理退保时,携带身份证和投保单,除有退车证明及还款结账证明的贷款车外,贷款车一律不得退保。

技能实训

机动车投保、承保

班级		姓名		学号	
指导老师		日期		成绩	
拟工作岗位	保险公司机动车保险专员、机动车保险核保专员				
实训目的	1. 了解机动车保险投保、承保流程； 2. 能够根据客户的需求制定投保方案； 3. 指导客户完成机动车保险单填写				
实训设备	电话、电脑、办公桌椅、保险单				
实训方式	以小组为单位(5人一组)，选择任务，其中1人担任组长，组织其他同学讨论、制定问题解决方案，最终完成实训				
案例分析	情景案例： 30岁的董先生，驾龄1年，新买了一辆一汽丰田生产的卡罗拉轿车，作为家庭自用，新车购置价14.38万元。董先生将该车作为上下班代步交通工具，偶尔驾车出游，无不良事故记录，平时停放在单位及小区停车场。该车马上保险到期，董先生前往保险公司投保。 阅读上述材料，完成下列任务。 任务一：根据掌握的专业知识，分析董先生的保险需求，为董先生设计一款适合他爱车的最佳机动车保险投保方案。 任务二：为董先生计算出相应的保费。 任务三：通过情景演练，指导董先生完成机动车保险单填写任务，并为其办理机动车保险承保业务。投保后，保险销售员应提醒投保人哪些注意事项？				
实训小结					

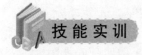

模块小结

本模块主要介绍了机动车保险的展业、投保、缮制及签发保单、批改、续保、退保等机动车保险的流程。通过本模块的学习，机动车保险从业人员可以掌握机动车保险实务中的保险流程，能够为客户量身打造适合他们的投保方案，准确计算保费，并指导客户完成机动车保险单填写工作。

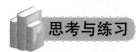

思考与练习

(一) 填空题

1. 保险费是_____或_____根据保险合同的规定,为取得因约定事故发生所造成的经济损失补偿权利,而缴付给保险人的费用。
2. 机动车保险承保业务包括_____、_____、_____、_____、_____等环节。
3. 承保实质上是保险双方_____的过程。
4. 保险展业是保险公司进行市场营销的过程,即向客户提供_____。
5. 保险合同是_____的协议。
6. 机动车保险的投保是指_____的一方如机动车的所有者等购买机动车_____的过程。
7. 机动车投保的方式渠道有:_____、_____、_____、4S店投保、_____及_____。
8. 机动车保险经纪人俗称_____,机动车保险经纪人受_____之托。

(二) 判断题

1. 投保人一定是自然人,不可以是法人或其他组织。( )
2. 第三者是除保险人与被保险人之外的因保险机动车意外事故而遭受人身伤害或财产损失的受害人。( )
3. 展业人员一定是保险公司员工,不可以是中介机构的代理人或经纪人。( )
4. 只有完成填写保单、缴纳保费以后才能进行核保。( )
5. 续保一般是指在一个保险合同即将期满时,保险人根据投保人和保险标的的情况,对原合同条件稍做修改而继续与投保人签约承保的行为。( )

(三) 简答题

1. 简述机动车投保流程。
2. 简述机动车承保流程。
3. 简述机动车投保险种组合方案。
4. 简述机动车核保的内容。
5. 简述机动车投保后的注意事项。

(四) 案例分析题

1. 蔡先生的家庭自用捷达轿车于2018年1月10日交强险保险到期,新车购置价11.8万元,车龄2年,有安全气囊,该车一般停在露天停车位中。该车上2个年度未发生有责任道路交通事故,试计算该车本年度应缴纳的保费。

2. 韩女士的家庭自用高尔夫轿车,车龄为5年,新车购置价为12.8万元,2019年1月14日保险到期。韩女士想在2019年投保交强险和车辆损失险,该车上2个年度未发生有责任道路交通事故,试计算该车2019年度应缴纳的保费。

模块四　机动车理赔实务

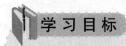

学习目标

知识目标
1. 阐述机动车现场查勘的目的、职责、适用范围;
2. 掌握事故车辆定损、核损的流程与内容;
3. 掌握机动车主要零部件的损失确定及修复标准;
4. 掌握理算的流程与内容。

能力目标
1. 掌握事故现场查勘流程及要求,掌握交通事故现场拍摄要求,能够缮制现场查勘记录;
2. 能够根据车辆损伤程度,确定零部件更换或修复方案;
3. 能够按照核损工作的标准流程,对查勘定损岗位上传的案件进行定性(保险责任)分析和定量(损失金额)分析;
4. 能够根据保险事故的实际情况,核定和计算赔付金额。

情感目标
1. 具有良好的思想政治素质、行为规范及职业道德;
2. 热爱该专业领域工作,具有良好的心理素质及身体素质;
3. 具有较强的业务素质,能够熟练、准确地为顾客解决实际问题;
4. 具有与客户进行交流及协商的能力;
5. 具有安全生产以及环境保护意识。

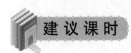

建议课时

15 课时。

 案例导入

查勘工作人员在工作时,接到紧急任务:大概 10 分钟前,在广州市区某街道十字路口,发生一起交通事故,两车相撞,导致双方车辆受损,人员受伤,其他情况不明。现需对此交通事故进行处理。通过阅读上述案例,思考如下问题:

1. 作为机动车保险现场查勘员,如何对现场进行查勘?

2. 作为机动车保险定损员,如何确定损失项目及车辆维修方案?

3. 作为机动车保险核损员,需要核定哪些项目?

4. 作为机动车保险理算员,如何对车险赔款进行理算?

 相关知识

机动车保险理赔工作涉及面广、现场变化多端、资料收集繁杂,为确保机动车保险理赔的高效、快捷、准确、合理,在机动车保险理赔时应遵循以下三个原则。

1. 重合同、守信用原则

保险合同所规定的权利和义务关系受法律保护。因此,保险公司必须重合同、守信用,正确维护客户的权益。

2. 坚持实事求是原则

在处理赔案过程中,要实事求是地进行处理,根据具体情况,正确确定保险责任,合理确定给付标准,及时给付赔款。

3. 主动、迅速、准确、合理原则

要让保险客户在风险出现时,感觉到"保得放心,赔得心服"。

目前,保险市场上各家保险公司所采取的机动车理赔流程大同小异,主要包括受理客户报案、进行调度、安排查勘人员进行现场查勘、对事故车辆进行定损、审核、收集相关资料、理算、核赔、对客户进行赔偿给付等主要环节,如图4-1所示。

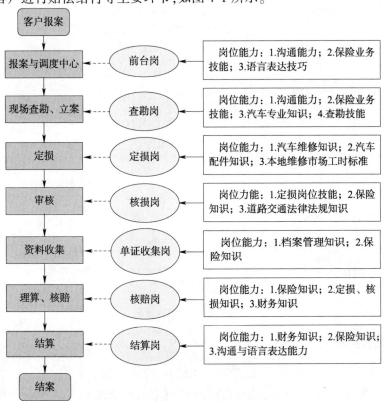

图4-1 机动车保险业务流程及岗位能力要求

一、事故车辆现场查勘

现场查勘是指对事故现场实地进行仔细、深入地调查，它是理赔工作的重要环节和保险案件赔付的基础。现场查勘可采集与事故有关的物证，为保险责任认定准备证据。现场查勘工作一般由两名查勘定损人员共同进行，并视情通知有关部门参与。现场查勘工作要求查勘定损人员能坚持实事求是、秉公办事的原则，遵守保险条款，据实判断保险责任范围。同时，查勘定损人员要熟练掌握现场查勘方法，妥善解决和处理现场查勘过程中的实际问题。

（一）现场查勘操作流程

现场查勘操作流程如图4-2所示。

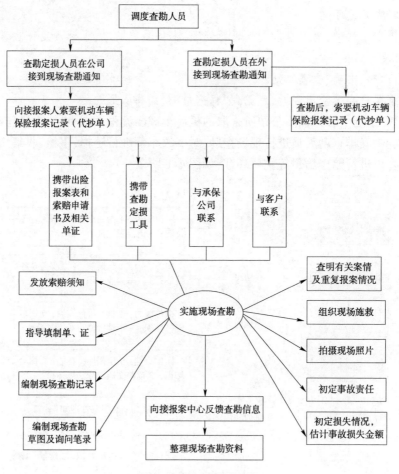

图4-2 现场查勘操作流程

（二）现场查勘准备

查勘定损人员赶赴事故现场开始查勘工作之前，应做好如下工作：

（1）查勘定损人员接到查勘通知后，应向接报案人员索要机动车辆保险报案记录（代抄单），并根据报案情况，了解保险标的的出险时间、地点、原因、经过、事故类别、大致的损失情况以及事故当事人的情况,以对事故有一个基本的掌握,做到心中有数,以便在查勘中有针对性地进行调查取证,争取主动。

(2)查勘定损人员应随身携带索赔申请书、索赔须知、现场查勘记录等相关单证和查勘定损工具(如相机、皮尺等)赶赴事故现场,并及时与承保公司和报案人取得联系。

(3)查勘定损人员到达事故现场后,应及时向接报案中心报告。如果事故尚未得到控制或人员及车辆尚处在危险中,应立即协助被保险人和有关部门采取有效的施救和保护措施,避免损失扩大。

(三)现场查勘的主要内容

查勘定损人员做好各项查勘准备后,便可以进行现场查勘工作。现场查勘人员必须按照机动车辆保险事故现场查勘记录所规定的项目逐项查勘,主要查勘内容包括:

(1)查验客户提供的保险单、保险证或保险标志,进行保险情况的确认工作。

(2)查明出险时间。了解确切出险时间是否在保险有效期限内,对接近保险起讫期出险的案件,应特别慎重,认真查实。要详细了解车辆起程或返回的时间、行驶路线、委托运输单位的装卸货物时间、伤者住院治疗的时间等,以核实出险时间。

(3)查明出险地点。查验出险地点与保险单约定的行驶区域范围是否相符。对擅自移动现场或谎报出险地点的,要查明原因。

(4)查明出险车辆的情况。查验肇事保险车辆的车型、行驶证信息、车辆号牌、发动机号码、车架号码(VIN)码,并与保险单证(或批单)核对。涉及第三方车辆的,应查验并记录第三方车辆的车辆号牌、车型,以及第三方车辆的交强险保单号、起保日期等信息。

(5)查明车辆的使用性质。查验保险车辆出险时的车辆使用性质与保险单载明的车辆使用性质是否相符,以及是否运载危险品、车辆结构有无改装或加装。

(6)查明保险车辆涉及第三方车辆的驾驶人姓名、驾驶证号码、准驾车型、初次领证日期、职业类型等。注意检验驾驶证是否在有效期内;检验驾驶人是不是被保险人或其允许的驾驶人或保险合同中特别约定的驾驶人。特种车辆出险要查验是否具备国家有关部门核发的有效操作证;对驾驶营业性车辆的驾驶人要查验其是否具有营运驾驶人从业资格证书。

(7)查明出险原因。要深入调查了解,广泛收集证据。对有驾驶人饮酒、吸食或注射毒品、被药物麻醉后使用保险车辆或无证驾驶、驾驶车辆与驾驶证准驾车型不符、超载的,应立即协同公安机关交通管理部门获取相关证人证言和检验证明。

事故原因应查明是客观因素,还是主观因素导致。如是客观因素,要查明是车辆自身因素,还是受外界影响导致事故发生;如是主观因素,应查明是严重违章,还是故意行为或违法行为。凡是与案情有关的重要情节,都要尽量收集、记载清晰,以反映事故全貌。

(8)确定损失情况。查清受损车辆、货物及其他财产的损失程度,对无法进行施救的货物及其他财产,必要时应在现场进行定损。注意查清投保新车出厂时车辆标准配置以外是否新增设备。查明各方人员伤亡情况。估计各类损失金额。记录、核定施救情况。受损标的需要施救的,应记录被施救财产的名称、数量、施救方式,以便后续核定施救费用。

(9)初步判断保险责任。应结合承保情况和查勘情况,初步判断事故涉及的险别,暂时不能判断保险责任的,应在查勘记录中说明理由。查明事故责任划分情况,查清事故各方应承担的责任比例,同时还应该注意了解保险车辆有无在其他公司重复投保,以便理赔计算时确认赔偿金额。

(10)重大赔案应绘制机动车辆保险事故现场草图。

(11)做好询问记录。对重大、复杂或有疑问的案件,要走访有关现场见证人或知情人,查明事情真相,并做好询问记录,由被询问人过目、签字。

(12)拍摄事故现场、受损标的以及相关单证照片。凡涉及车辆和财产损失的案件,必须进行拍照。在事故第一现场查勘的,应有反映事故现场全貌的概貌照片及反映受损车辆号牌、车辆、财产损失部位、损失程度的细目照片;非第一现场查勘的,应有反映受损车辆号牌号码,车辆、财产损失部位、损失程度的细目照片。另外,还要拍摄保险车辆的行驶证、道路运输许可证,驾驶人的驾驶证、从业资格证件、特种车辆操作资格证等相关证件。

(13)对于被接报案中心告知需认真查实的同一保险车辆出险时间接近的案件,须认真核查两起(或多起)案件的详细情况,尤其要核对事故车辆的损失部位和损失痕迹。对于相关案件痕迹相符或相似的情况,一方面应立即查验相关案件的事故现场、修理记录等;另一方面应向上起案件的现场查勘人员了解有关情况,以最终确定是否属于重复报案。

(四)出险现场分类与查勘方法技术

1. 出险现场分类

保险车辆的出险现场,是指事故发生后,车辆,伤亡人员以及与事故有关的物件、痕迹等所处的空间。根据现场的完整真实程度,出险现场一般可以分为四类。

(1)原始现场。原始现场是指事故发生以后,在现场的车辆和遗留下来的一切物体、痕迹仍保持着事故发生过程的原始状况没有变动和破坏的现场,又称第一现场。

(2)变动现场。变动现场也称移动现场,是指事故发生后,改变了现场原始状态的一部分、大部分或全部面貌的现场。

一般来说,现场变动的原因通常有以下五种:

①抢救伤者、排险。这里指因为抢救伤者或现场未解除的险情而变动了现场车辆和有关物体位置的情况。

②保护不善。这里指现场的痕迹被过往车辆和行人碾踏、抚摸而模糊或消失的情况。

③自然影响。这里指因下雨、下雪、刮风、冰雪融化等自然因素的影响,造成现场或物体上遗留下来的痕迹模糊不清或完全消失的情况。

④特殊情况。这里指执行特殊任务的车辆或首长、外宾乘坐的车辆发生事故后,急需继续执行任务或为了首长和外宾的安全而使车辆离开现场及因其他原因不宜保留的情况。

⑤其他原因。这里是指如车辆发生事故后,当事人没有察觉,驾车脱离现场的情况。

(3)伪造现场。伪造现场是指与事故有关或被唆使的人员有意改变现场的车辆、物体、痕迹或其他物品的原始状态,甚至对某个部位进行拆卸和破坏,企图达到逃脱罪责或嫁祸于人的目的的现场。

(4)逃逸现场。逃逸现场是指肇事车辆驾驶人在事故发生后,为了逃避责任,有意隐瞒事故不报,并将车辆驶离,从而造成变动或破坏的现场。

查勘定损人员应尽可能在第一现场进行初次检验工作。查勘定损人员到达现场后,对事故尚未控制住或保险车辆及人员尚处在危险之中的,应采取积极的施救、保护措施。如果第一现场已被清理,必须进行第二现场检验的,应注意调查了解车辆转移有关情况,尽可能还原事故现场真实情况。对于第二现场情况存有疑问的,可到交通事故处理部门调查和核实事故第一现场的情况。

2. 查勘方法与技术

现场查勘是一项细致、琐碎、时效性强、技术性要求高的工作。因此,在进行现场查勘前,必须根据现场的具体情况,确定查勘范围、顺序和重点,拟订查勘方案,有步骤地开展现查勘工作。根据现场特征的不同,主要有以下几种常用的查勘方法。

1) 沿车辆行驶路线寻找现场痕迹

(1) 根据制动印迹,即车辆遇情况采取紧急制动后与地面摩擦时出现的炭黑拖印进行查勘。

(2) 根据碰撞、碾压、刮、擦、挤等痕迹,即车辆与车辆、车辆与行人、车辆与牲畜、车辆与其他物体接触后双方留下的痕迹进行查勘。

(3) 根据现场遗留物,即车辆发生碰撞后所剥落的漆皮、玻璃碎片、脱落破碎的汽车零件等进行查勘。

2) 确定肇事接触部位

准确确定肇事接触部位,对处理事故起关键作用。接触点不仅是形成事故的焦点,更是判定事故责任的重要依据。

(五) 现场查勘

现场查勘的实施途径包括现场勘验和现场访问。现场查勘包括现场道路环境勘测、事故车辆检验、事故痕迹调查、人体伤害判断等。现场访问主要是向事故当事人、见证人、目击者了解与事故有关的情况。现场查勘时,要注意保存能够反映事故现场查勘结果的现场记录资料,资料的主要形式有事故现场图、现场照片、现场询问笔录、现场录音和录像资料等。下面着重介绍一下事故现场图的绘制方法和现场摄影技术。

1. 事故现场图的绘制

事故现场图是以正投影原理绘图方法绘制的,能够反映事故发生后事故现场一切与事故有关的物体和痕迹相对位置和状态的平面图。根据现场查勘要求,查勘定损人员必须迅速、全面地把事故现场的各种交通元素、遗留痕迹、道路设施以及地物地貌,以一定的比例展现在图纸上。事故现场图应该能够表明事故现场的地点和方位,事故现场的地物地貌和交通条件,事故现场各种交通元素以及与事故有关的遗留痕迹和散落物的位置以及通过痕迹显示的事故过程和与事故有关的人、车、畜的动态。所以说,事故现场图是研究分析出险原因、判断事故责任、准确定损、合理理赔的重要依据。

根据绘制过程的不同,事故现场图可以分为现场草图和现场图。现场草图是查勘定损人员在事故现场徒手绘制的事故现场平面图,现场图是查勘定损人员以现场草图为蓝本,使用绘图仪器或计算机所绘制的事故现场平面图。现场草图要求查勘定损人员在现场查勘结束前当场制成。要在很短的时间内把事故现场复杂的情况完整无误地反映在平面图上,这就要求绘图者必须积累一定的绘图经验,并遵循一定的步骤和方法。绘制现场草图一般如下步骤进行:

(1) 根据出险现场情况,选用适当比例,进行图面构思。

(2) 按近似比例画出道路边缘线和中心线。利用指南针确定道路走向,并在图的右上方绘制北方向,标注道路中心线与指北线的夹角。

(3)根据图面绘制的道路,用同一近似比例绘制出险车辆图例,再以出险车辆为中心向外绘制各有关图例。

(4)根据现场具体条件选择基准点,应用定位法为现场出险车辆及主要痕迹定位。

(5)按现场查勘顺序先标尺寸,后注文字说明。

(6)根据需要绘制立面图、剖面图或局部放大图。

(7)核对。检查图中各图例是否与现场相符,有无遗漏和差错。

(8)签字确。现场草图经核对无误后,由现场查勘人员、见证人、绘图人、校核人共同签字确认。

2.现场摄影技术

事故现场摄影是指对事故发生地点及有关场所,用照相这种纪实方法,将现场的状况、痕迹、物证、物与物之间的位置和相互关系按现场查勘的要求,迅速、准确、真实、无误地拍摄下来的过程。

1)事故现场摄影要求

(1)由于事故现场摄影条件特殊,必须要具备能够适应"全天候"拍摄要求的特殊器材和拥有精湛技术的拍摄人员。

(2)要求用科学的方法如实记录物体的颜色、形状和细节特征。必须做到中心突出、主题明确、比例正确、影像清晰,不得采用任何艺术加工手段,要严格按照比例摄影。

(3)事故现场摄影要严格执行政策,按照法律程序进行,保证拍摄出来的照片可与现场实际相互印证。

2)事故现场摄影步骤

(1)了解和观察现场的情况,确定拍摄计划。

(2)拍摄原始现场。进行现场方位拍摄,以准确反映事故现场的位置和事故现场与周围环境的关系,要求使人见到照片时应能认出或明确事故发生的地点。同时,进行现场概貌拍摄,以准确反映现场的整体情况。

(3)拍摄详细勘查物。对现场的物体和痕迹进行细目拍摄,特别是要反映出保险车辆和其他受损财产变形的程度、范围、深度等细微特征。

(4)事故现场摄影的一般拍摄顺序。通常先拍原始现场,后拍移动现场;先拍要点,后拍一般点;先从地面拍,后从高处拍;先拍易破坏、易消失的现场,后拍不易破坏、不易消失的现场。

(六)填写现场查勘记录

现场查勘结束后,查勘人员要按照规定据实详细填写现场查勘记录,并将现场查勘情况与被保险人和修理人交流。

对非现场报案的被保险人,要向其提供出险机动车辆保险出险通知书和索赔申请书。同时,根据报案与现场查勘情况,在保险事故索赔须知上注明索赔时需要提供的单证和证明材料,并对被保险人进行必要的事故处理和保险索赔指导。图4-3和图4-4分别为某保险公司机动车辆保险事故现场查勘记录和机动车辆保险索赔须知。

保险车辆	厂牌型号：	发动机号：	车辆已行驶里程：	已使用年限：
	号牌号码：	车架号(VIN)：		初次登记日期：

驾驶人员姓名：	驾驶证号码：□□□□□□□□□□□□□□□□□□	职业：
初次领证日期：　年　月　日	性别：□男　□女　年龄：	准驾车型：
查勘时间：　年　月　日　时	查勘地点：	是否第一现场：□是 □否

赔案类别：□一般　□特殊(□简易 □互碰 □救助 □其他)双代(□委托外地查勘 □外地委托查勘)

出险时间：　年　月　日　时　　　　　　　出险地点：　省　市　县

第三方车辆	厂牌型号：	号牌号码：	是否出险：□是 □否	车辆已行驶里程：
	驾驶人员姓名：	驾驶证：□□□□□□□□□□□□□□□□□□		车辆初次登记日期：
	初次领证日期：	准驾车型：	职业：	车辆已使用年限：

现场查勘时请按右侧所列内容仔细查验并认真完整填写	1. 出险原因：□碰撞 □倾覆 □火灾 □爆炸 □自燃 □外界物体倒塌 □外界物体坠落 □雷击 □暴风 □暴雨 □洪水 □雹灾 □其他(　　)
	2. 事故原因：□制动失灵 □转向失灵 □其他机械故障 □疲劳驾驶 □超速行驶 □违章并线 □逆向行驶 □安全距离不够 □违章装载 □其他违章行驶 □疏忽大意、措施不当 □其他
	3. 事故所涉及险种：□车损险 □三责险 □盗抢险 □玻璃单独破碎险 □自燃损失险 □车上人员责任险 □车上货物责任险 □其他(　　)
	4. 保险车辆的号牌号码、发动机号、车架号与保险单上所载明的是否相符：□是 □否
	5. 出险时间是否在保险有效期限内：□是 □否
	6. 出险时间接近保险起讫期的，有无相应时间证明：□有 □无
	7. 出险地点：(1)分类：□高速公路 □普通公路 □城市道路 □乡村便道和机耕路 □场院及其他； (2)与报案人所报是否一致：□是 □否
	8. 实际使用性质与保险单上所载明的是否一致：□是 □否
	9. 保险车辆驾驶人情况与报案人所述是否一致：□是 □否
	10. 保险车辆驾驶人的驾驶证是否有效：□是 □否
	11. 保险车辆驾驶人准驾车型与实际驾驶车辆是否相符：□是 □否
	12. 使用各种专用机械车、特种车的人员是否有国家有关部门核发的有效操作证：□是 □否
	13. 驾驶营业性客车的驾驶人是否有国家有关部门核发的有效资格证书：□是 □否
	14. 保险车辆驾驶人是否为被保险人允许的驾驶人：□是 □否
	15. 保险车辆驾驶人是否为保险合同约定的驾驶人：□是 □否 □保险合同未约定
	16. 保险车辆驾驶人是否为酒后驾车：□是 □否
	17. 事故车辆损失痕迹与事故现场痕迹是否吻合：□是 □否

现场查勘时请按右侧所列内容仔细查验并认真完整填写	18. 保险车辆安全配置情况：□安全气囊 □ABS □倒车雷达 □卫星定位 □其他防盗装置
	19. 第三者车辆是否已向其承保公司报案、索赔：□是 □否
	20. 事故是否涉及第三方人员伤亡：□是(伤　　人,亡　　人) □否
	21. 事故是否涉及第三方财产损失：□是 □否
	22. 事故是否涉及本车上人员伤亡：□是(伤　　人,亡　　人) □否
	23. 确定或预计责任划分：□全部 □主要 □同等 □次要 □无责任 □单方肇事
	24. 保险车辆损失程度：□全部损失 □部分损失
	25. 其他需要说明的内容：
	是否属于保险责任：□是 □不是 □待确定(原因是：　　　)

事故估损金额	事故损失金额估计：	其中，车辆损失险损失：	第三者损失：	其他损失：
	保险损失金额	车辆损失险	标的损失：	第三者责任险	车辆：	附加险	
			施救费：		人员：		
			吊车、拖车、其他：		财产：		

图 4-3

查勘人意见(包括事故经过简单描述和初步责任认定):	询问笔录	张
	现场草图	张
	事故照片	张

图 4-3　某保险公司机动车辆保险事故现场查勘记录

_____(被保险人名称/姓名):

　　由于您投保的机动车辆发生了事故,请您在向我公司提交"机动车辆保险索赔申请书"的同时,依照我公司的要求,提供以下有关单证。如果您遇到困难,请随时拨打××××保险公司的服务专线电话"××××",我公司将竭诚为您提供优质、高效的保险服务。谢谢您的合作!

机动车辆索赔材料手续明细如下:

1. □"机动车辆保险索赔申请书"
2. □机动车辆保险单正本　□机动车辆保险互碰卡
3. 事故处理部门出具的:□交通事故责任认定书　□调解书　□简易事故处理书　□其他事故证明(　　　)
4. 法院、仲裁机构出具的:□裁定书　□裁决书　□调解书　□判决书　□仲裁书
5. 涉及车辆损失还需提供:□"机动车辆保险车辆损失情况确认书"及"修理项目清单"和"零部件更换项目清单"　□车辆修理的正式发票(即"汽车维修业专用发票")　□修理材料清单　□结算清单
6. 涉及财产损失还需提供:□"机动车辆保险财产损失确认书"　□设备总体造价及损失程度证明　□设备恢复的工程预算　□财产损失清单　□购置、修复受损财产的有关费用单据
7. 涉及人身伤、残、亡损失还需提供:
□县级以上医院诊断证明　□出院通知书　□需要护理人员证明
□医疗费报销凭证(须附处方及治疗、用药明细单据)　□伤、残、亡人员误工证明及收入情况证明(收入超过纳税金额的应提交纳税证明)
□护理人员误工证明及收入情况证明(收入超过纳税金额的应提交纳税证明)□残者须提供法医伤残鉴定书
□亡者须提供死亡证明　□被抚养人证明材料　□户籍派出所出具的受害者家庭情况证明
□丧失劳动能力证明　□交通费报销凭证　□住宿费报销凭证　□参加事故处理人员工资证明
□向第三方支付赔偿费用的过款凭证(须由事故处理部门签章确认)
8. 涉及车辆盗抢案件还需提供:
□机动车行驶证(原件)　□出险地县级以上公安刑侦部门出具的盗抢案件立案证明　□已登报声明的证明
□车辆购置附加费缴费凭证和收据(原件)或车辆购置税完税证明和代征车辆购置税缴税收据(原件)或免税证明(原件)
□机动车登记证书(原件)　□车辆停驶手续证明　□机动车来历凭证　□全套车钥匙
9. 被保险人索赔时,还须提供以下证件原件,经保险公司验证后留存复印件:
□保险车辆"机动车行驶证"　□肇事驾驶人员的"机动车驾驶证"
10. 被保险人领取赔款时,须提供以下材料和证件,经保险公司验证后留存复印件:
□领取赔款授权书　□被保险人身份证明　□领取赔款人员身份证明
11. 需要提供的其他索赔证明和单据:
(1)　　　　　　　　(2)
(3)　　　　　　　　(4)

　　敬请注意:为确保您能够获得更加全面、合理的保险赔偿,我公司在理赔过程中,可能需要您进一步提供上述所列单证以外的其他证明材料。届时,我公司将及时通知您。感谢您对我们工作的理解与支持!

被保险人:	保险公司:
领到"索赔须知"日期:　年　月　日	交付"索赔须知"日期:　年　月　日
确认签字:	经办人签字:
提交索赔材料日期:　年　月　日	收到索赔材料日期:　年　月　日
确认签字:	经办人签字:

图 4-4　某保险公司机动车辆保险索赔须知

(七) 立案

立案是指经初步查验和分析判断,对在保险责任范围内的事故进行登记并予以受理的过程。查勘定损人员应根据"机动车辆保险事故现场查勘记录"和有关证明材料,依照保险条款的有关规定,全面分析主观、客观原因,确定保险事故是否在保险责任范围之内。

(1) 对于经过现场查勘,认定在保险有效期内,且在保险责任范围之内的案件,应进行立案登记,正式确立案件,统一编号并对其进行程序化管理。已立案登记的项目应依据出险报案表和机动车辆保险事故现场查勘记录中的有关内容认真、准确、翔实地填写。

(2) 对于经过现场查勘,认定不在保险责任范围之内的案件,按不予立案或拒赔案件处理,并在出险报案表和机动车辆保险报案、立案登记簿上签注"因××拒赔",同时向被保险人送达机动车辆保险拒赔通知书,并作出必要的解释。

(3) 本地公司承保车辆在外地出险的,在接到出险地保险公司通知后,应将代查勘、代定损公司的名称登录至机动车辆保险报案、立案登记簿,并注意跟踪赔案的处理情况。

二、事故车辆定损

事故车辆定损是对保险事故所造成的损失情况进行现场和专业的调查和查勘,对损失的项目和程度进行客观和专业的描述和记录,以确定损失价值的过程。常见的定损核损方式有协商定损、公估定损、聘请专家定损等。协商定损是指由保险人、被保险人以及第三方协商确定保险事故造成的损失费用的过程。公估定损是由专业的公估机构负责对保险事故造成的损失进行确定的过程,保险公司根据公估机构的检验报告进行赔款理算。这种引入由没有利益关系的第三方负责定损核损工作的模式,能更好地体现保险合同公平的特点,最大限度避免合同双方的争议和纠纷。聘请专家定损是指对于个别技术性、专业性要求极高的案件,通过聘请专家进行定损,以保证全面、客观、准确地确定保险事故造成的损失费用,维护合同双方的合法权益。目前,在车险实务中通常采用的是协商定损的方式。

(一) 定损流程

保险车辆出险后的定损的内容包括车辆定损、人员伤亡费用的确定、施救费用的确定、其他财产损失的确定和残值处理等。定损的操作流程如图4-5所示。

(二) 车辆损失的确定

确定车辆损失应遵循修复原则和会同验损原则,即确定车辆损失时应会同被保险人和修理厂进行车辆损失的确定工作。对于涉及第三者责任的,必要时还应由第三者或者其保险人参与损失确定工作。在确定车辆的损失之前,对于损失情况严重和复杂的,在可能的条件下,应对受损车辆进行必要的解体,以保证检验工作能够全面反映车辆损失情况。车辆的损失是由其修复的费用具体体现的,对不经过保险人定损而由被保险人自行修理的车辆,保险人在重新核定修理费用时,被保险人应当如实向保险人提供车损情况、修理情况、证明材料等。如上述材料不属实,保险人可部分或全部拒赔。

1. 车辆定损的基本步骤

车辆的损失是由其修复的费用所决定的,而修复费用由零配件价格、修理材料费用和维修工时费用构成。

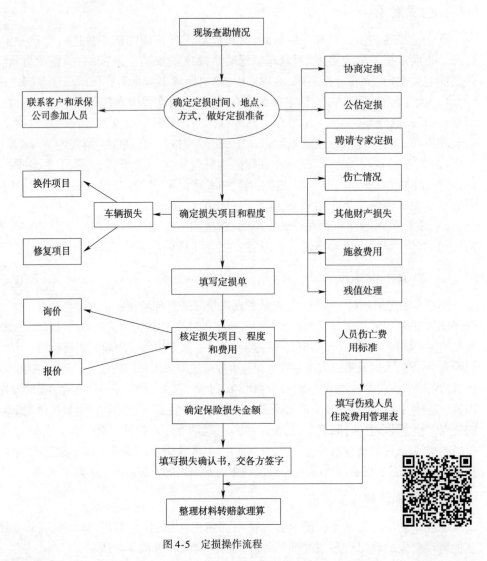

图 4-5　定损操作流程

(1) 查勘定损人员应结合出险现场查勘记录,详细核定事故造成的车辆损失部位、损失项目和损失程度。

(2) 查勘定损人员应本着实事求是、合情合理的原则,与被保险人、可能涉及的第三方和维修人员协商确定维修方案,包括换件项目和修复项目,并逐项列明维修所需的工时定额、工时单价、需要更换的零部件等。

(3) 查勘定损人员应对于必须更换的零部件进行询价、报价。

(4) 对各维修项目的修复费用进行累加即为车辆损失,查勘定损人员应在与各方协商一致后与各方签订机动车辆保险车辆损失情况确认书。图 4-6、图 4-7 与图 4-8 所示分别为某保险公司机动车辆保险车辆损失情况确认书及所附修理项目清单和零部件更换项目清单(代询价单)。

承保公司：				
报案编号：			条款类别：	
被保险人：		出险时间：		
保险单号：		出险地点：		
保险金额：	号牌号码：	事故责任：□全部 □主要 □同等 □次要 □无责 □单方		
厂牌型号：				
制造年份：	发动机号：	定损时间：		
车架号码(VIN号)：		定损地点：		
发动机型号：		变速箱形式：□手动挡 □自动挡		
送修时间：	修复竣工时间：	报价公司：□总公司 □省公司 □地市公司		
损失部位及程度概述：				
换件项目共计　　项,总计金额:(人民币大写)			(￥：	元)
修理费总计金额:(人民币大写)			(￥：	元)
残值作价金额:(人民币大写)			(￥：	元)
保险合同当事人各方经协商,同意按本确认书及所附"修理项目清单""零部件更换项目清单"载明的修理及更换项目为确定本次事故损失范围的依据,并达成如下协议： 1.本确认书所列修理费总计金额均已包含各项税费,其为保险公司认定的损失最高赔付金额,超过此金额部分,保险公司不予赔付。 2.修理项目、修理工时费及修理材料费以所附"修理项目清单"为准。 3.更换项目及换件工时费以所附"零部件更换项目清单"为准。 4.更换项目需要报价的,本确认书只确认更换项目的数量,金额及换件工时费以所附"零部件更换项目清单"中的保险公司报价为准				
保险公司 签章： 年 月 日	被保险人 签章： 年 月 日		年 月 日	

图4-6 机动车辆保险车辆损失情况确认书

承保公司：				
报案编号：		共 页,第 页	条款类别：	
保险单号：		厂牌型号：		
保险金额：		号牌号码：		
序 号	修理项目名称	工时	工时费	材料费	备 注
---	---	---	---	---	---
1					
2					
3					
4					
5					
6					
	小计				

图4-7 修理项目清单

承保公司：
报案编号：　　　　　　　　　　共　页，第　页　　　　　　　条款类别：

序号	零部件		配件编号	数量	工时费	本栏为保险人内部询报价使用		
	部位	名称				估计价格	报价	备注
1								
2								
3								
4								
5								
6								
		小计						

图 4-8　零部件更换项目清单（代询价单）

2. 车辆损失的确定

车辆损失由各维修项目所必须更换的零配件价格、修理材料费和维修工时费用累加而成，而零配件价格的高低和维修工时费用的合理与否是确定车辆损失的关键。

1）零配件价格的确定

在保险事故车辆修理费用的构成中，零配件价格所占的比例相当大。针对轿车维修，零配件价格所占修理费用的比例更是高达 70% 以上。加之由于零配件的生产厂家众多，市场上不仅有原厂或正规厂家生产的产品，还有许多其他小厂生产的产品，这就导致了零配件市场鱼龙混杂、商品价格差异较大。同时，即使是同样的零配件，由于生产厂家的生产调整、市场供求的变化、地域的差别等多种原因也可能造成零配件价格的不稳定。特别是进口汽车零部件，没有统一的价格标准，其价格浮动很大。准确掌握零配件的价格信息是合理确定车辆损失的关键。为此，保险公司必须建立一套完整、准确、动态的，能够实现报供结合的零配件报价体系。

在实际工作中，查勘定损人员根据换件项目，使用报价系统确定零配件价格。对于报价系统中没有的车型或无法确定损失的，经报价员按规定进行询报价工作。

2）维修工时费用的确定

目前，我国机动车维修行业执行的是管制价格。各省（自治区、直辖市）交通运输主管部门和物价管理部门根据当地市场和物价指数情况，联合制定并颁布"机动车辆维修行业工时定额和收费标准"，规定各类维修项目的维修工时定额和工时单价，并以此作为机动车辆维修行业的定价依据。故机动车维修工时的计算方法如式（4-1）：

$$维修工时费用 = \sum 维修工时定额 \times 工时单价 \qquad (4-1)$$

其中，维修工时定额是指在一定作业条件下完成某项维修作业所消耗的劳动时间的标准，工时单价是指在生产过程中单位工时的收费标准。

3. 车辆定损时应注意的几个问题

(1) 要注意区分本次事故和非本次事故造成的损失，明确事故损失和正常维修及维护的界限。

(2) 经保险公司书面同意，对保险事故车辆损失原因进行鉴定的费用，由保险公司负责赔偿。

(3)受损车辆未经保险公司和被保险人共同查勘定损而自行送修的,根据相关规定,保险人有权重新核定修理费用或拒绝赔偿。

(三)人员伤亡费用的确定

人员伤亡费用是指由于保险事故致使自然人的生命、健康、身体遭受侵害,造成致伤、致残、致死的后果以及其他损害,从而引发的各种费用支出。交通事故常常会造成人员伤亡,可能导致第三者责任险及其相关附加险的赔偿。一般情况下,保险公司以《最高人民法院关于审理人身损害赔偿案件若干问题的解释》中规定的赔偿范围、项目和标准以及保险合同中的约定作为核定赔偿的依据。

1. 人员伤亡费用的赔偿范围

按照《最高人民法院关于审理人身损害赔偿案件若干问题的解释》相关规定,人员伤亡费用可以赔偿的范围包括:

(1)医疗费。医疗费是指受伤人员在治疗期间发生的由本次事故造成的损伤的治疗费用。

(2)误工费。误工费是指事故伤者、残者,或死者生前抢救治疗期间以及家属参加事故处理、办理丧葬事宜期间由于误工减少的收入。

(3)护理费。护理费是指伤者、残者,或死者生前抢救治疗期间,因伤势严重,生活无法自理,经医院证明,所需专门护理人员的人工费用。

(4)住院伙食补助费。住院伙食补助费是指伤者在住院期间的伙食补助费用。

(5)营养费。营养费是指伤者在治疗期间必要的营养费用。

(6)残疾赔偿金。残疾赔偿金是指对在事故中造成残疾的人员的赔偿费用。

(7)残疾辅助器具费。残疾辅助器具费是指因残疾需要配制补偿功能器具的费用。

(8)丧葬费。丧葬费是指事故中死亡人员的有关丧葬费用。

(9)死亡补偿费。死亡补偿费是指对于在事故中死亡人员的一次性补偿。

(10)被抚养人生活费。被抚养人生活费是指死者生前或残者丧失劳动能力前实际抚养的、没有其他生活来源的人的生活费用。

(11)交通费。交通费是指事故中的受害人及其家属在治疗、处理事故、办理丧葬事宜期间发生的合理的交通费用。

(12)住宿费。住宿费是指交通事故中的受害人及其家属在治疗、处理事故、办理丧葬事宜期间发生的合理的住宿费用。

2. 人员伤亡费用的赔偿标准

根据《最高人民法院关于审理人身损害赔偿案件若干问题的解释》和机动车辆保险条款的有关规定,上述赔偿项目的具体赔偿标准如下:

(1)医疗费。医疗费根据结案前实际发生的治疗费用,凭医疗机构出具的医药费、住院费等收款凭证,结合病历和诊断证明等相关证据,按照公费医疗的标准确定。根据医疗证明或者鉴定结论确实需继续治疗的,可以予以赔偿。

(2)误工费。误工费根据误工者的误工时间和收入状况确定。误工时间根据有关部门出具的证明确定。受害人因伤致残持续误工的,误工时间可以计算至定残日前一天。

误工者有固定收入的,误工费按照实际减少的收入计算。误工者无固定收入的,按照其最近三年的平均收入计算;误工者不能举证证明其最近三年的平均收入状况的,可以参照事故发生地相同或者相近行业上一年度职工的平均工资计算。但是,误工费计算的前提必须是由于误工导致了收入的减少,如果虽有误工但是实际收入并没有减少,不计误工费。

(3)护理费。护理费根据护理人员的收入状况和护理人数、护理期限确定。护理人员有收入的,参照误工费的规定计算;护理人员没有收入或者雇佣护工的,参照当地护工从事同等级别护理的劳务报酬标准计算。护理人员原则上为1人,但医疗机构或者鉴定机构有明确意见的,可以参照意见确定护理人员人数(一般最多为2人)。护理期限应计算至受害人恢复生活自理能力时止。受害人因残疾不能恢复生活自理能力的,可以根据其年龄、健康状况等因素确定合理的护理期限,但最长不超过10年。受害人定残后的护理,应当根据其护理依赖程度并结合配制残疾辅助器具的情况确定护理级别。

(4)住院伙食补助费。住院伙食补助费参照当地国家机关一般工作人员的出差伙食补助标准予以确定。

(5)营养费。营养费根据受害人伤残情况参照医疗机构的意见确定。

(6)残疾赔偿金。残疾赔偿金根据受害人丧失劳动能力程度或者伤残等级,按照事故发生地上一年度城镇居民人均可支配收入或者农村居民人均纯收入标准,自定残之日起按20年计算。但60周岁以上的,年龄每增加1岁减少1年;75周岁以上的,按5年计算。伤残等级共分10级,伤残等级与对应赔偿比例见表4-1。

伤残等级与对应赔偿比例 表4-1

伤残等级	1	2	3	4	5	6	7	8	9	10
赔偿比例(%)	100	90	80	70	60	50	40	30	20	10

残疾赔偿金的计算方法如式(4-2):

$$残疾赔偿金 = 事故发生地上一年度城镇居民人均可支配收入(农村居民人均纯收入) \times 赔偿年限 \times 伤残等级对应的赔偿比例 \quad (4-2)$$

受害人因伤致残但实际收入没有减少,或者伤残等级较轻但造成职业妨害,严重影响其劳动就业的,可以对残疾赔偿金作出相应调整。

(7)残疾辅助器具费。残疾辅助器具费按照国产普通适用器具的合理费用标准计算。辅助器具的更换周期和赔偿期限参照配制机构的意见确定。

(8)丧葬费。丧葬费按照事故发生地上一年度职工月平均工资标准,以6个月总额计算。

(9)死亡补偿费。死亡补偿费根据事故发生地上一年度城镇居民人均可支配收入或者农村居民人均纯收入标准,按10年计算。但60周岁以上的,年龄每增加1岁减少1年;75周岁以上的,按5年计算。

死亡补偿费的计算方法如式(4-3):

$$死亡补偿费 = 事故发生地上一年度城镇居民人均可支配收入(农村居民人均纯收入) \times 赔偿年限 \quad (4-3)$$

(10)被抚养人生活费。被抚养人生活费根据被抚养人丧失劳动能力程度(一般要求5级以上),按照事故发生地上一年度城镇居民人均消费性支出和农村居民人均年生活消费支出标准计算。其中,被抚养人为未成年人的,计算至18周岁;被扶养人无劳动能力又无其他生活来源的,计算20年。但60周岁以上的,年龄每增加1岁减少1年;75周岁以上的,按5

年计算。被抚养人还有其他抚养人的,赔偿义务人只赔偿受害人依法应当负担的部分。被抚养人有数人的,年赔偿总额累计不超过上一年度城镇居民人均消费性支出额或者农村居民人均年生活消费支出额。

被抚养人生活费的计算方法如式(4-4):

$$被抚养人生活费 = 事故发生地上一年度城镇居民人均消费性支出(农村居民人均年生活消费支出) \times 抚养年限 \times 抚养比例 \qquad (4-4)$$

(11)交通费。交通费按事故发生地国家一般工作人员出差的交通费标准计算,以正式票据为凭。

(12)住宿费。住宿费按事故发生地国家一般工作人员出差的住宿费标准计算,以正式票据为凭。

3. 确定人员伤亡费用时应注意的几个问题

(1)应全程介入伤者的治疗过程,全面了解伤者受伤和治疗的情况、各类检查和用药情况。对于一些疑难的案件,可以委托专业医疗人员协助。

(2)伤者需要转医赴外地治疗时,须由所在医院出具证明并经事故处理部门同意。伤残鉴定费需经过保险人同意,方可赔偿。

(3)事故结案前,所有费用均由被保险人先行支付。待结案后,由被保险人提供有关单证,由保险人进行核赔理算。

(4)查勘定损人员应及时审核被保险人提供的有关单证,对其中不属于赔偿范围的项目,如精神损失补偿费、困难补助费、招待费、请客送礼费等应予以剔除。同时,定损核损人员要对伤亡人员的有关情况进行调查,要重点调查被抚养人的情况和收入水平、医疗费、伤残鉴定证明等证明文件的真实性、合法性、合理性,对不真实、不合法、不合理的费用应予以剔除。

(四)其他财产损失的确定

保险事故除了可能造成车辆本身的损失外,还可能导致其他财产的损毁,从而引发第三者责任险和车上货物损失险的赔偿责任。其他财产损失的确定,应会同被保险人和有关人员逐项清理,确定损失数量、损失程度和损失金额。同时,要求被保险人提供损失财产、货物的原始发票、货物运单、起运地货物价格证明等能够证明损失财产或货物实际价值的证据。

(五)施救费用的确定

施救费用是指当保险标的遭遇保险责任范围内的灾害事故时,被保险人或其代理人、雇佣人员等采取措施抢救保险标的,防止损失扩大而支出的必要的、合理的费用。在机动车辆保险中施救费用主要是指对于倾覆车辆的起吊费用、抢救车上货物的费用、事故现场的看守费用、临时整理和清理费用以及必要的转运费用。

(1)被保险人使用他人(非专业消防单位)的消防设备,施救保险车辆所消耗的费用及设备损失等可以赔偿。

(2)保险车辆出险后,雇用吊车和其他车辆进行抢救的费用,以及将出险车辆拖运到修理厂的运输费用,按当地物价部门颁布的收费标准予以赔偿。

(3)在抢救过程中,因抢救而损坏他人的财产,如果应由被保险人承担赔偿责任的,可酌情予以赔偿。

(4)抢救车辆在拖运受损保险车辆途中发生意外事故造成的损失和费用支出,如果该抢救车辆是被保险人自己或他人义务派来抢救的,应予赔偿;如果该抢救车辆是有偿的,则不予赔偿。

(5)保险车辆出险后,被保险人赶赴肇事现场处理所支出的费用,不予赔偿。

(6)保险公司只对保险标的的施救费用负责,对非承保财产共同施救时,其施救费用应按两类财产的获救价值比例分摊。

(7)保险车辆为进口车或特种车,发生在保险责任范围内的事故后,如当地确实不具备修理能力的,经保险公司同意去外地修理的移送费等,可以赔偿。但护送车辆者的工资和差旅费,不予赔偿。

(8)车辆损失险的施救费用是一个单独的保险金额,但第三者责任险的施救费用不是一个单独的责任限额。第三者责任险的施救费用与第三者损失金额相加不得超过第三者责任险的责任限额。

(六)残值处理

残值处理是指保险公司根据保险合同履行了赔偿责任并取得对于受损物资的所有权后,对上述损余物资进行处理的过程。在通常情况下,对于残值的处理均采用协商作价、折归被保险人并在保险赔款中予以扣减的方式。如果协商不成,也可以将已经履行赔偿责任并取得所有权的损余物资收回。这些收回的物资可以委托有关部门进行拍卖处理,并用处理所得款项冲减赔款。

三、事故车辆核损

定损人员在完成保险事故的损失确定工作后,要制作出初定损清单并交由核损人员进行核损。核损是指核损人员对保险责任认定事故中涉及的物品损失,人员伤亡费用,其他财产损失,施救费用和残值的确定金额的合理性进行复核的过程。核损的目的是提高定损质量,保证定损的准确性、标准性和统一性。

(一)对是否构成保险责任的复核

确认损失对象是否属于保险标的,事故原因是否构成保险责任,是否构成责任免除。

(二)对车辆损失的复核

1. 审查定损人员上报的初定损清单及事故照片的完整性

对定损人员上报的初定损清单及事故照片的完整性进行审核。如果初定损清单不能完全反映事故损失的各项内容,或照片不能完全反映事故损失部位和事故全貌,应通知定损人员补充相关材料。

2. 对换件项目进行复核

重点复核项目是否为本次事故造成的损失、是否为应予修复的项目、是否为保险车辆标准配置以外的新增设备的换件项目。

3.对零配件价格进行复核

零配件价格复核是指保险公司利用该公司专业零配件价格系统的大数据库,对修理厂提供的零配件报价进行二次审核,把定损单上高报的零配件价格调整为合理的价格的过程。

4.对维修项目、维修方式和维修费用进行复核

重点复核是否为本次事故造成的维修项目、是否为必要的维修项目、维修工时和工时单价确定是否合理。

5.对车辆全损或推定全损进行复核

重点复核是否达到车辆全损或推定全损的认定标准。

(三)对人员伤亡费用的复核

对于人员伤亡费用,核损人员应根据国务院卫生主管部门组织制定的《道路交通事故受伤人员临床诊疗指南》和国家基本医疗保险标准,结合保险条款的约定进行复核。对于误工费、护理费、住院伙食补助费、营养费、残疾赔偿金、残疾辅助器具费、丧葬费、死亡补偿费、被抚养人生活费、交通费、住宿费、被保险人依照法院判决或者调解承担的精神损害抚慰金等,应根据《最高人民法院关于审理人身损害赔偿案件若干问题的解释》的相关规定进行复核。复核中应注意如下三点:

(1)残疾赔偿金、丧葬费、死亡补偿费、被抚养人生活费、交通费、住宿费等赔偿项目应按照事故发生地的标准进行计算。

(2)残疾赔偿金、死亡补偿费、被抚养人生活费等赔偿项目应根据当事人是城镇居民或农村居民区别计算。

(3)应对被保险人提供的有关单证的真实性进行重点审核。

(四)对其他财产损失的复核

核损人员要对其他财产损失项目、数量、损失单价以及维修方案合理性和造价进行审核。

(五)对施救费用的复核

核损人员要重点复核保险车辆出险后,雇用吊车和其他车辆进行抢救的费用以及将出险车辆拖运到修理厂的运输费用是否在当地物价部门颁布的收费标准内,以及非承保财产的施救费用是否已被剔除。

(六)对残值的复核

残值折归被保险人的,要重点对残值作价金额进行复核。

核损人员按照上述各项逐项核定完毕后,若无修改,应签署核准意见,并将定损清单传至相关定损人员。如有修改,应将相关要求和修订意见传至相关定损人员,由定损人员根据核损意见与被保险人签订损失情况确认书。

四、赔款理算

本部分将分别介绍交强险、车辆损失保险、第三者责任保险及附加险的赔款理算方法。

(一)交强险赔款理算

1. 交强险赔款理算原则

1)基本计算公式

保险人在交强险各分项赔偿限额内,对受害人死亡伤残费用、医疗费用、财产损失分别计算赔偿,计算公式分别如式(4-5)~式(4-9)。

$$总赔款 = 各分项损失赔款之和 = 死亡伤残费用赔款 + 医疗费用赔款 + 财产损失赔款 \quad (4-5)$$

$$各分项损失赔款 = 各分项核定损失承担金额 \quad (4-6)$$

$$死亡伤残费用赔款 = 死亡伤残费用核定承担金额 \quad (4-7)$$

$$医疗费用赔款 = 医疗费用核定承担金额 \quad (4-8)$$

$$财产损失赔款 = 财产损失核定承担金额 \quad (4-9)$$

各分项核定损失承担金额超过交强险各分项赔偿限额的,各分项损失赔款为交强险各分项赔偿限额。

2)保险事故涉及多个受害人时的计算方法

(1)基本计算公式中的相应项目发生变化,详见式(4-10)~式(4-14)。

$$各分项损失赔款 = 各受害人各分项核定损失承担金额之和 \quad (4-10)$$

$$死亡伤残费用赔款 = 各受害人死亡伤残费用核定承担金额之和 \quad (4-11)$$

$$医疗费用赔款 = 各受害人医疗费用核定承担金额之和 \quad (4-12)$$

$$财产损失赔款 = 各受害人财产损失核定承担金额之和 \quad (4-13)$$

$$财产损失赔款 = 财产损失核定承担金额 \quad (4-14)$$

(2)各受害人各分项核定损失承担金额之和超过被保险机动车交强险相应分项赔偿限额的,各分项损失赔款为交强险各分项赔偿限额。

(3)各受害人各分项核定损失承担金额之和超过被保险机动车交强险相应分项赔偿限额的,各受害人在被保险机动车交强险分项赔偿限额内应得到的赔偿金额如式(4-15):

被保险机动车交强险对某一受害人分项损失的赔偿金额
$$= 交强险分项赔偿限额 \times [事故中某一受害人的分项核定损失承担金额/(各受害人分项核定损失承担金额之和)] \quad (4-15)$$

3)保险事故涉及多辆肇事机动车时的计算方法

(1)各被保险机动车的保险人分别在各自的交强险各分项赔偿限额内,对受害人的分项损失计算赔偿。

(2)各方机动车按其适用的交强险分项赔偿限额占总分项赔偿限额的比例,对受害人的各分项损失进行分摊,计算公式如式(4-16)。

某肇事机动车某分项核定损失承担金额 = 该分项损失金额 ×
$$(适用的交强险该分项赔偿限额/各致害方交强险该分项赔偿限额之和) \quad (4-16)$$

初次计算后,如有致害方交强险限额未赔足,同时有受害方损失未得到充分补偿的,则需对受害方的损失在交强险剩余限额内再次进行分配,在交强险限额内补足。对于待分配的各项损失合计没有超过剩余赔偿限额的,按分配结果赔付各方;超过剩余赔偿限额的,则按每项分配金额占各项分配金额总和的比例乘以剩余赔偿限额分摊,直至受损各方均得到足额赔偿或应赔付方交强险无剩余限额。

2. 交强险的计算过程

交强险理算工作流程如图4-9所示。

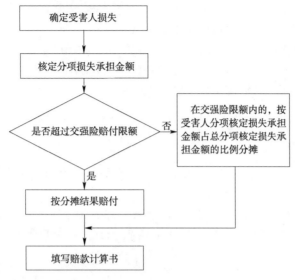

图4-9 交强险理算工作流程

(1)确定受害人损失。确定哪些损失属于本方机动车交强险受害人的损失。

(2)确定本方机动车交强险项下的分项核定损失承担金额。

根据肇事机动车在事故中的责任认定,按各被保险机动车的分项赔偿限额占总分项赔偿限额的比例分摊,其中均有责任或均无责任的,按平均分摊的方式计算。

对于分项核定损失承担金额没有超过交强险赔偿限额的,按分摊结果赔付;分项核定损失承担金额超过交强险赔偿限额的,在交强险限额之内的,按受害人分项核定损失承担金额占总分项核定损失承担金额的比例分摊。

(3)判断交强险是否赔足,若受害方没有得到全额赔付,同时又有需赔付方交强险限额未赔足,则在交强险限额内补足。对于待分配的各项损失合计没有超过剩余赔偿限额的,按照分配结果赔付各方;超过剩余赔偿限额的,则按每项分配金额占各项分配金额总和的比例乘以剩余赔偿限额分摊,直至受损各方均得到足额赔偿或应赔付方交强险无剩余限额。

另外,在赔款理算中,对被保险人依照法院判决或者调解承担的精神损害抚慰金,原则上在其他赔偿项目足额赔偿之后,在死亡伤残赔偿限额内予以赔偿。

 案例4-1

A、B、C三车发生碰撞事故,三车均投保了交强险。事故责任认定显示A车全责,B车无责,C车无责;A车损失3000元,B车损失1200元,C车损失800元。请计算各方交强险赔款金额。

 案例分析

1. 计算各方机动车核定损失承担金额

(1)由式(4-7),A车、C车的交强险应分摊B车的损失为:

A 车分摊 B 车的损失 = 1200×2000/(2000+100) = 1142.9(元)

C 车分摊 B 车的损失 = 1200×100/(2000+100) = 5.1(元)

(2)由式(4-7),A 车、B 车的交强险应分摊 C 车的损失为：

A 车分摊 C 车的损失 = 800×2000/(2000+100) = 761.9(元)

B 车分摊 C 车的损失 = 800×100/(2000+100) = 38.1(元)

(3)由式(4-7),B 车、C 车的交强险应分摊 A 车的损失为：

B 车分摊 A 车的损失 = 3000×100/(100+100) = 1500.0(元)

C 车分摊 A 车的损失 = 3000×100/(100+100) = 1500.0(元)

2.初次计算各方机动车交强险对受害人的赔偿金额

(1)A 车交强险分摊到损失为：

A 车分摊 B 车的损失 + A 车分摊 C 车的损失 = 1142.9 + 761.9 = 1904.8(元)(未超过 2000 元,按实际损失赔付)

则 A 车对 B 车的赔偿为 1142.9 元,A 车对 C 车的赔偿为 761.9 元。

(2)B 车交强险分摊到损失为：

B 车分摊 A 车的损失 + B 车分摊 C 车的损失 = 1500.0 + 38.1 = 1538.1(元)

(超过 100 元,需按受害人分项核定损失承担金额占总分项核定损失承担金额的比例分摊)

由式(4-14),有：

B 车对 A 赔偿 = 100×1500.0(1500.0+38.1) = 97.5(元)

B 车对 C 车赔偿 = 100×38.1(1500.0+38.1) = 2.5(元)

(3)C 车交强险分摊到损失为：

C 车分摊 A 车的损失 + C 车分摊 B 车的损失 = 1500 + 57.1 = 1557.1(元)

(超过 100 元,需按受害人分项核定损失承担金额占总分项核定损失承担金额的比例分摊)

由式(4-14),有：

C 车对 A 车赔偿 = 100×1500(1500.0+57.1) = 96.3(元)

C 车对 B 车赔偿 = 100×57.1(1500.0+57.1) = 3.7(元)

3.判断交强险是否赔足

A 车目前得到赔偿 = B 车对 A 车赔偿 + C 车对 A 车赔偿 = 97.5 + 96.3 = 193.8(元)

(小于 3000 元,未赔足)

B 车目前得到赔偿 = A 车对 B 车赔偿 + C 车对 B 车赔偿 = 1142.9 + 3.7 = 1146.6(元)

(小于 1200 元,未赔足)

C 车目前得到赔偿 = A 车对 C 车赔偿 + B 车对 C 车赔偿 = 761.9 + 2.5 = 764.4(元)

(小于 800 元,未赔足)

4.计算各方交强险剩余限额

A 车交强险剩余限额 = 2000 - 1142.9 - 761.9 = 95.2(元)

B 车交强险剩余限额 = 100 - 97.5 - 2.5 = 0,已无限额

C 车交强险剩余限额 = 100 - 96.3 - 3.7 = 0,已无限额

5.A 车交强险继续向 B 车、C 车追加赔付

A 车需对 B 车追加赔偿 = 1200 - 1146.6 = 53.4(元)

A车需对C车追加赔偿 = 800 - 764.4 = 35.6(元)

A车交强险需向B车、C车追加赔付 = 53.4 + 35.6 = 89(元)

(小于剩余限额95.2元,则按分配结果赔付)

A车对B车追加赔偿 = 53.4(元)

A车对C车追加赔偿 = 35.6(元)

A车损失虽未赔足,但B车和C车的交强险限额已用完;B车、C车损失已赔足,所以交强险赔付计算结束。

6. 最终各方交强险赔付

(1) A车交强险赔付金额为1193.8元,其中:

A车对B车实际赔付 = 1142.9 + 53.4 = 1196.3(元)

A车对C车实际赔付 = 761.9 + 35.6 = 797.5(元)

(2) B车交强险赔付金额为100元,其中:

B车对A车实际赔付 = 97.5(元)

B车对C车实际赔付 = 2.5(元)

(3) C车交强险赔付金额为100元,其中:

C车对A车实际赔付 = 96.3(元)

C车对B车实际赔付 = 3.7(元)

3. 交强险财产损失"互碰自赔"处理方法

《交强险财产损失"互碰自赔"处理办法》(以下简称《办法》)于2009年2月1日实施,《交强险互碰赔偿处理规则(2008)》和《交强险理赔实务规程(2008)》中与《办法》不一致的,以《办法》为准。

"互碰自赔"是指在满足"互碰自赔"的条件下,由各保险公司在本方机动车交强险有责任财产损失赔偿限额内对本车损失进行赔付。其他情形参照《交强险理赔实务规程(2008)》处理。

1) 适用条件。

同时满足以下条件的,适用"互碰自赔"处理机制:

(1) 两车或多车互碰,各方均投保交强险;

(2) 仅涉及车辆损失(包括车上财产和车上货物)、不涉及人员伤亡、和车外财产损失,各方车损金额均在交强险有责任财产损失赔偿限额(2000元)内;

(3) 由交通警察认定或当事人根据出险地关于交通事故快速处理的有关规定自行协商确定双方均有责任;

(4) 当事人同意采取"互碰自赔"处理方式。

2) 赔偿处理

(1) 满足"互碰自赔"条件的,事故各方分别到各自的保险公司进行索赔,承保公司在交强险有责任财产损失赔偿限额内赔偿本方车辆损失。

(2) 原则上任何一方损失金额超过2000元的,不适用"互碰自赔"处理方式,按一般赔案处理。即对车辆损失在2000元以内的,在交强险限额内赔偿;其他损失在商业险项下按事故责任比例计算赔偿。特殊情况参照《交强险互碰赔偿处理规则(2008)》中的相关规定处理。

(二) 车辆损失险赔款理算

车辆损失保险赔款理算工作流程如图 4-10 所示。

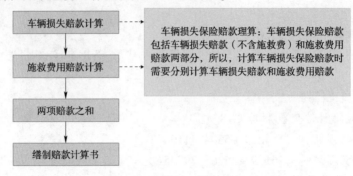

图 4-10 车辆损失保险赔款理算工作流程

1. 全部损失的赔款计算

保险车辆在保险事故中发生整体损毁,或受损严重失去修复价值,即形成实际全损或推定全损。当施救费用和修理费用之和大于或等于被保险机动车出险时的实际价值,即可推定为全损。

1) 未计算免赔率的车辆损失赔款计算

未计算免赔率的车辆损失赔款计算公式如式(4-17):

$$未计算免赔率的车辆损失赔款 = (实际价值 - 残值 - 交强险对车辆损失赔偿金额) \times 事故责任比例 \quad (4\text{-}17)$$

在使用式(4-17)时,应特别注意:

(1)"实际价值"即保险车辆出险时的实际价值,应根据保险事故发生时保险合同签订地同种类型车辆市场新车购置价(含车辆购置附加费/税)减去该车已使用累计月数折旧后确定。其中,车辆的实际价值按式(4-18)进行计算:

$$实际价值 = 出险时新车购置价 \times (1 - 已使用月数 \times 月折旧率) \quad (4\text{-}18)$$

式(4-18)中折旧率按月计算,不足 1 个月的,不计折旧。折旧率按条款规定的比率计算。

(2)如果保险金额低于出险时的实际价值,因总残余价值里有一部分是保户自保的,此时残值计算公式如式(4-19):

$$残值 = 总残余价值 \times (保险金额/实际价值) \quad (4\text{-}19)$$

2) 未计算免赔率的施救费用赔款计算

未计算免赔率的施救费用赔款计算公式如式(4-20):

$$未计算免赔率的施救费用赔款 = [(核定施救费用 - 交强险对施救费赔偿金额) \times 事故责任比例 \times (保险金额/投保时保险车辆的新车购置价)] \quad (4\text{-}20)$$

在使用式(4-20)时,应特别注意对于核定施救费用和交强险时施救费用赔偿金额的计算,具体见式(4-21)及式(4-22)。

$$核定施救费用 = 施救费用 \times (保险财产价值/实际被施救财产总价值) \quad (4\text{-}21)$$

$$交强险对施救费赔偿金额 = 交强险赔偿金额 \times 核定施救费用/(核定施救费用 + 核定修理费用) \quad (4\text{-}22)$$

3) 车辆损失保险赔款计算

车辆损失保险赔款计算公式如式(4-23)。

车辆损失保险赔款 =（未计算免赔率的车辆损失赔款 + 未计算免赔率的施救费用赔款）×
　　　　　　　　（1 – 免赔率之和）　　　　　　　　　　　　　　　　　　　　(4-23)

在使用式(4-23)时，应特别注意：

(1) 当未计算免赔率的车辆损失赔款大于等于保险金额时，应代入保险金额进行计算。

(2) 当未计算免赔率的施救费用赔款大于等于保险金额时，应代入保险金额进行计算。

(3) "免赔率之和"是指根据条款规定适用的各项免赔率之和。

2. 部分损失的赔款计算

部分损失的赔款计算公式如式(4-24)～式(4-26)。

未计算免赔率的车辆损失赔款

=（核定修理费用 – 残值 – 交强险对车辆损失赔偿金额）× 事故责任比例 ×（保险金额/
投保时保险车辆的新车购置价）　　　　　　　　　　　　　　　　　　　　(4-24)

未计算免赔率的施救费用赔款

=（核定施救费用 – 交强险对施救费赔偿金额）× 事故责任比例 ×（保险金额/投保时保
险车辆的新车购置价）　　　　　　　　　　　　　　　　　　　　　　　　(4-25)

未计算免赔率的车辆损失保险赔款

=（未计算免赔率的车辆损失赔款 + 未计算免赔率的施救费用赔款）×（1 – 免赔率之和）
　　　　　　　　　　　　　　　　　　　　　　　　　　　　　　　　　　　(4-26)

在使用式(4-24)～式(4-26)时，应特别注意：

(1) 当未计算免赔率的车辆损失赔款大于等于保险金额时，应代入保险金额进行计算。

(2) 当未计算免赔率的施救费用赔款大于等于保险金额时，应代入保险金额进行计算。

另外，在确定事故责任比例时，被保险人根据有关法律、法规规定选择自行协商处理交通事故的，应根据双方在协议书中明确的事故责任划分，依据保险条款约定的事故责任比例计算赔偿。

案例 4-2

一辆投保营业性机动车损失保险的车辆，在保险期限内与另一机动车发生碰撞事故。该车新车购置价（含车辆购置税）15 万元，保险金额 10 万元，出险时车辆实际价值 5 万元。经事故责任认定，该车驾驶人承担主要责任，事故责任比例为 70%，依据条款规定承担 15% 的免赔率，同时由于是第四次出险，增加 10% 的免赔率。车辆修理费用 4 万元，施救费用 2000 元，残值 500 元，对方机动车交强险赔偿车辆损失 2000 元，请计算该车车辆损失险赔款金额。

案例分析

车辆修理费用 4 万元，施救费用 2000 元，共计 4.2 万元，小于出险时车辆实际价值 5 万元，所以按照部分损失计算。

(1) 由式(4-16)得：

某肇事机动车某分项核定损失承担金额

= 该分项损失金额 ×[适用的交强险该分项赔偿限额/(各致害方交强险该分项赔偿限额

之和)]

交强险对车辆损失赔偿金额 = 2000 × 40000/(2000 + 40000) = 1904.8(元)

(2) 由式(4-24),得:

未计算免赔率的车辆损失赔款 = (40000 – 500 – 1904.8) × 70% ×

(100000/150000) = 17544.4(元)

(3) 由式(4-22),得:

交强险对施救费赔偿金额 = 2000 × 2000/(2000 + 40000) = 95.2(元)

由式(4-25),得:

未计算免赔率的施救费用赔款 = 2000 – 95.2 × 70% × (100000/150000) = 888.9(元)

(4) 由式(4-26),得:

未计算免赔率的车辆损失保险赔款 = (17544.4 + 885.9) × [1 – (15% + 10%)]

= 13825.0(元)

(三) 第三者责任险赔款理算

1. 基本计算公式

第三者责任险基本计算公式如式(4-27)。

第三者责任险赔款 = (死亡伤残费用赔款 + 医疗费用赔款 + 财产损失赔款) ×

事故责任比例 × (1 – 免赔率之和)　　　　　　　　(4-27)

在使用式(4-27)时,应特别注意对以下赔款金额的计算,详见式(4-28) ~ 式(4-31):

死亡伤残费用赔款 = 受害人死亡伤残费用核定金额 –

∑各肇事机动车交强险对受害人的死亡伤残赔偿总金额　(4-28)

医疗费用赔款 = 受害人医疗费用核定金额 –

∑各肇事机动车交强险对受害人的医疗费赔偿总金额　　(4-29)

财产损失赔款 = 受害人财产损失核定金额 –

∑各肇事机动车交强险对受害人的财产损失赔偿总金额　(4-30)

当被保险人按事故责任比例承担的死亡伤残费用赔款、医疗费用赔款、财产损失赔款之和超过责任限额时有:

第三者责任险赔款 = 责任限额 × (1 – 免赔率之和)　　　　　(4-31)

2. 注意事项

(1) 对不属于保险合同中规定的赔偿项目但被保险人已自行承诺或支付的费用,保险人不予承担。

(2) 法院判决被保险人应当赔偿第三者的金额,但不属于保险合同中规定的赔偿项目(如精神损害抚慰金等),保险人不予承担。

(3) 保险人对第三者责任事故赔偿后,对受害第三者的任何赔偿费用的增加不再负责。

案例 4-3

一辆投保了第三者责任险和交强险的车辆与另一车辆发生交通事故,在事故中负主要责任,承担70%的损失,依据条款规定承担15%的免赔率。该车第三者责任险责任限额为

10万元。此次事故第三方损失共计21.2万元,其中财产损失5万元,医疗费用1.2万元,死亡伤残费用15万元,请计算第三者责任险赔偿金额。

案例分析

(1)由式(4-28),死亡伤残费用赔款 = 150000 − 110000 = 40000(元)
(2)由式(4-29),医疗费用赔款 = 12000 − 10000 = 2000(元)
(3)由式(4-30),财产损失赔款 = 50000 − 2000 = 48000(元)

被保险人按事故责任比例承担的死亡伤残费用赔款、医疗费用赔款、财产损失赔款之和为(40000 + 2000 + 48000) × 70% = 63000(元) < 100000(元),所以由式(4-27),

第三者责任险赔款 = 63000 × (1 − 15%) = 53550(元)

(四)车上人员责任险的赔款理算

车上人员责任险赔款计算公式如式(4-32):

$$车上人员责任险赔款 = \sum 每人赔款 \qquad (4-32)$$

在使用式(4-32)时,应特别注意以下三点:
(1)赔款人数以投保座位数为限。
(2)当被保险人扣除交强险已赔付车上人员人身伤亡费用后,其按事故责任比例应承担的每座车上人员伤亡赔偿金额未超过保险合同载明的责任限额时,每人赔款按式(4-33)计算

$$每人赔款 = 应当承担的赔偿金额 \qquad (4-33)$$

(3)当被保险人扣除交强险已赔付车上人员人身伤亡费用后,其按事故责任比例应承担的每座车上人员伤亡赔偿金额超过保险合同载明的责任限额时,每人赔款由式(4-34)计算:

$$每人赔款 = 责任限额 \qquad (4-34)$$

案例4-4

A车与B车相撞,A车共五座,每座均投保了5万元的车上人员责任险。A车车上共有2人,即驾驶人甲和乘客乙,甲经抢救无效死亡,乙残疾。甲的死亡补偿费为8万元,抢救费用1万元,乙的残疾赔偿金为6万元,医疗费用1万元,A车在事故中负70%的责任。请计算A车车上人员责任险赔偿金额。

案例分析

(1)计算A车车上人员甲通过B车交强险得到的赔款。
B车交强险对甲医疗费用赔款 = 10000 × [10000/(10000 + 10000)] = 5000.0(元)
B车交强险对甲死亡伤残费用赔款 = 110000 × [80000/(80000 + 60000)]
   = 62857.1(元)
甲通过B车交强险得到的赔款 = 5000.0 + 62857.1 = 67857.1(元)
A车扣除B车交强险已赔付甲赔款后,按事故责任比例应承担甲的伤亡赔偿金额 = (80000 + 10000 − 67857.1) × 70% = 15500.0(元) < 50000.0(元)
所以,由式(4-32),甲得到的车上人员责任险赔款为15500.0元。

(2) 计算 A 车车上人员乙通过 B 车交强险得到的赔款。

B 车交强险对乙医疗费用赔款 = 10000 × [10000/(10000 + 10000)] = 5000.0(元)

B 车交强险对乙死亡伤残费用赔款 = 110000 × [60000/(80000 + 60000)] = 47142.9(元)

乙通过 B 车交强险得到的赔款 = 5000 + 47142.9 = 52142.9(元)

A 车扣除 B 车交强险已赔付乙赔款后，按事故责任比例应承担乙的伤亡赔偿金额 = (60000 + 10000 – 52142.9) × 70% = 12500.0(元) < 50000(元)

所以，由式(4-32)，乙得到的车上人员责任险赔款为 12500.0 元。

(3) 由式(4-32)，A 车车上人员责任险赔款 = 15500.0 + 12500.0 = 28000.0(元)

即 A 车车上人员责任险赔款为 28000.0 元。

(五)全车盗抢险的赔款理算

1. 全部损失

全部损失的计算公式如式(4-35)：

$$赔款 = 保险金额 \times (1 - 免赔率之和) \tag{4-35}$$

实际价值不得超过保险金额，若超过保险金额，代入保险金额进行计算。

2. 部分损失

部分损失的计算公式如式(4-36)：

$$赔款 = 实际修理费用 - 残值 \tag{4-36}$$

其中，赔款金额不得超过此险种保险金额。

在盗抢险赔款中，如被保险人索赔时未能提供机动车行驶证、机动车登记证书、机动车来历凭证、车辆购置税完税证明(车辆购置附加缴费证明)或免税证明等原件，每缺少一项，增加 1% 的免赔率。

特别应注意的是，机动车登记证书是机动车办理了登记的证明文件，它是在 2000 年 10 月 1 日以后开始办理的。因此，在确定此项免赔率时，应充分考虑这种情况，对于 2001 年 10 月 1 日前所购车辆，如被保险人确实无法提供机动车登记证书的，可以不扣除此项免赔率。

(六)附加险赔款理算

附加险赔款理算流程如图 4-11 所示。

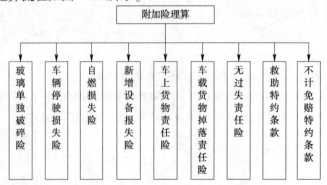

图 4-11 附加险赔款理算工作流程

1. 玻璃单独破碎险

玻璃单独破碎险的计算公式如式(4-37)：

$$赔款 = 实际修理费用 \tag{4-37}$$

投保了本保险的机动车辆在使用过程中发生本车玻璃单独破碎,保险人应按实际损失计算赔偿。投保人在与保险人协商的基础上,自愿按进口风窗玻璃或国产风窗玻璃选择投保,保险人根据其选择承担相应保险责任。

2. 车辆停驶损失险

(1)全部损失的情况下投保本附加险时,由保险双方在保险单上约定日赔偿金额和赔偿天数,即式(4-38):

$$赔款 = 保险合同约定的日赔偿金 \times 约定赔偿天数。 \tag{4-38}$$

但应注意,本保险的最高赔偿时间为90日。

(2)对于部分的情况,保险人应在双方约定的修复时间内按保险单约定的日赔偿金额乘以从送修之日起至修复竣工之日止的实际天数计算赔偿,即式(4-39):

$$赔款 = 保险合同约定的日赔偿金额 \times 实际修理天数 \tag{4-39}$$

应注意的是,在一个保险期限内,上述赔款累计计算,最高以保险单约定的赔偿天数为限。

3. 自燃损失险

自燃损失险由投保人与保险人在保险车辆的实际价值内协商确定,保险人在保险单该项目所载明的保险金额内,按保险车辆的实际损失赔偿。本保险每次赔偿均实行20%的绝对免赔率。

(1)全部报失的情况。

全部损失的赔款计算公式如式(4-40):

$$赔款 = (保险金额 - 残值) \times (1 - 20\%) \tag{4-40}$$

(2)部分损失的情况。

部分损失的赔款计算公式如式(4-41):

$$赔款 = (实际修理费用 - 残值) \times (1 - 20\%) \tag{4-41}$$

(3)施救费用以不超过保险金额为限,其计算公式如式(4-42):

$$赔款 = 实际施救费用 \times (保险财产价值/实际施救财产总价值) \times (1 - 20\%) \tag{4-42}$$

 案例4-5

一辆新购的私人家庭自用车辆,新车购置价20万元,投保了车损险及20万元的第三者责任险,同时按新车购置价投保自燃损失险。保险车辆在使用过程中,由于供油系统发生故障引起车辆自燃,造成车辆损失2万元,残值100元,车上物品价值2万元,为减少车辆损失所支出的必要合理的施救费用2000元,请计算保险公司的赔付金额。

 案例分析

(1)修理费用赔款 = (实际修理费用 - 残值) × (1 - 20%) = (20000 - 100) × (1 - 20%) = 15920.0(元)

(2)施救费用赔款 = 实际施救费用 × (保险财产价值/实际施救财产总价值) × (1 - 20%)
= 2000 × [200000/(200000 + 20000)] × (1 - 20%)
= 1454.5(元)

因此,保险公司共赔偿金额为 15920.0 + 1454.5 = 17374.5(元)。

4. 新增设备损失险

投保了本保险的机动车辆在使用过程中,发生保险事故造成车上新增设备的直接损毁,保险人在保险单该项目所载明的保险金额内,按实际损失计算赔偿,其计算公式如式(4-43):

$$赔款 = 在保证金额内的实际损失 \times (1 - 免赔率) \tag{4-43}$$

其中,免税率取值遵循如下规定,即根据保险车辆驾驶人在事故中所负责任,车辆损失险和第三者责任险在符合赔偿规定的金额内实行绝对免赔率:负全部责任免赔 20%,负主要责任免赔 15%,负同等责任免赔 10%,负次要责任免赔 5%;单方肇事事故绝对免赔率为 20%;雷击、暴风、暴雨、洪水、龙卷风和雹灾保险责任事故,免赔率为 0;保险车辆遭受暴雨、洪水后在淹及排气筒的水中启动或被水淹及后因过失操作不当致使发动机损坏,绝对免赔率为 20%。

5. 车上货物责任险

被保险人或其允许的合格驾驶人在使用保险车辆过程中发生意外事故,致使保险车辆所载货物遭受直接损毁的,依法应由被保险人承担的经济赔偿责任,以及被保险人为减少损失而支付的必要合理施救、保护费用,保险人在保险单所载明的赔偿限额内负责赔偿。车上承运货物的赔偿限额由投保人在投保时与保险人协商确定。

当承运的货物发生保险责任范围内的、损失,保险人按起运地价格在赔偿限额内负责赔偿。

(1)当被保险人按保险事故责任比例应承担的车上货物损事赔偿金额未超过保险合同载明的每人责任限额时,即应承担赔偿金额小于责任限额,则按式(4-44)进行计算:

$$赔款 = 应承担赔偿金额 \times (1 - 免赔率) \tag{4-44}$$

(2)当被保险人按保险事故责任比例应承担的车上货物损事赔偿金额超过保险合同载明的每人责任限额时,即应承担赔偿金额大于责任限额,则按式(4-45)进行计算:

$$赔款 = 责任限额 \tag{4-45}$$

此外,每次赔偿均实行相应的免赔率,赔偿金额根据被保险人在事故中应负的责任比例及应承担的费用计算,如式(4-46):

$$赔款 = 应承担费用 \times (1 - 免赔率) \tag{4-46}$$

施救费用的赔款计算如式(4-47):

$$赔款 = 实际施救费用 \times (保险财产价值/实际施救财产总价值) \times (1 - 免赔率) \tag{4-47}$$

6. 车载货物掉落责任险

(1)每次事故最高赔偿限额由投保人投保时与保险人协商确定。

(2)本保险每次赔偿均实行 20% 的绝对免赔率,赔款计算公式如式(4-48):

$$赔款 = 应承担费用 \times (1 - 20\%) \tag{4-48}$$

7. 无过失责任险

(1)本保险每次赔偿均实行 20% 的绝对免赔率,当无过失责任险损失金额未超过责任限额时,按式(4-49)进行计算:

$$赔款 = 实际损失 \times (1 - 20\%) \tag{4-49}$$

当无过失责任险损失金额超过责任限额时,按式(4-50)进行计算:

$$赔款 = 责任限额 \times (1 - 20\%) \tag{4-50}$$

(2)保险人承担的赔偿责任与免赔额之和,最高不得超过本保险的赔偿限额。

(3)事故处理裁决书载明保险车辆及驾驶人在事故中无过失并按照道路交通规定承担10%的赔偿费用的案件,其赔偿应在第三者责任险中赔付计算。

8. 不计免赔特约条款

不计免赔特约条款的赔款计算公式如式(4-51):

$$赔款 = 一次赔款中已承保且出险的各险种免赔额之和 \quad (4-51)$$

下列应由被保险人自行承担的免赔金额,保险人不负责赔偿:

(1)车辆损失保险中应当由第三方负责赔偿而确实无法找到第三方的。

(2)因违反安全装载规定加扣的。

(3)同一保险年度内多次出险,每次加扣的。

(4)对于家庭自用机动车车保险合同中约定驾驶人的,保险事故发生时,由非约定驾驶人驾车而加扣的;

(5)附加盗抢险或附加火灾、爆炸、自燃损失险或附加自燃损失险中规定的。

案例 4-6

一辆投保机动车辆第三者责任保险(责任限额为10万元)及其附加车上货物责任险(责任限额为5万元),并就上述两个险种约定不计免赔特约条款的车辆发生交通事故,分别造成第三者损失5万元,车上货物损失2万元。经事故责任认定,驾驶人在事故中负全部责任,免赔率为20%。后经交警部门现场查勘,认定其违反装载规定,增加免赔率10%。请计算保险公司应赔偿的不计免赔特约条款金额。

案例分析

(1)第三者责任赔款 = 50000 元 × [1 − (20% + 10%)] = 35000(元)

(2)车上货物责任赔款 = 20000 元 × (1 − 20%) = 16000(元)

(3)不计免赔特约条款赔款 = 50000 元 × 20% + 20000 × 20% = 14000(元)

(七)缮制赔款计算书

计算完赔款后,要缮制赔款计算书,这是支付赔款的正式凭证。机动车辆保险赔款计算单如图4-12所示。

保险单号:　　　　　　　　　　　　　　立案编号:
报案编号:　　　　　　　　　　　　　　赔款计算书号:

被保险人			条款类别	
厂牌型号		车辆购置价	事故类别	
号牌号码		车损险保险金额	责任比例	
出险日期	年 月 日	三者险责任限额	免赔比例	
出险地点		保险期限	自 年 月 日零时起至 年 月 日24时止	

图 4-12

分险别赔款计算公式		
交强险		
医疗费用赔偿		
死亡伤残赔偿		
财产损失赔偿		
支付抢救费用(人民币大写):	元(¥:	元)
垫付抢救费用(人民币大写):	元(¥:	元)
交强险赔款合计(人民币大写):	元(¥:	元)
车损险		
三者险		
附加险		
鉴定费： 元	代查勘费： 元	诉讼、仲裁费： 元
其他费用： 元	预付赔款： 元	损余物资/残值金额： 元
商业保险赔款合计(人民币大写):	元(¥:	元)
赔款总计(人民币大写):	元(¥:	元)
经理签字： 年 月 日	主管签字： 年 月 日	赔师签字： 年 月 日	经办人签字： 年 月 日
上级审批意见： 年 月 日		

图 4-12　机动车辆保险赔款计算单

（1）赔款计算书应分险别、项目计算，并列明计算公式。赔款计算应尽量用计算机出单，应做到项目齐全、计算准确。手工填写的，应确保字迹工整、清晰，不得涂改。

（2）赔款计算书应一式四份，一份附在赔案卷内，一份作财务支付赔款凭证，一份交付给被保险人，一份贴在保险单副本上。

（3）赔款计算书填写完成之后，理赔人员应在经办人栏内签章，然后将赔款计算书连同其他单证一起交予指定的审核人员。业务负责人审核无误后,在赔款计算书上签署意见和日期,然后送交核赔人员。

技能实训

实训一 车险查勘与定损

班级		姓名		学号	
指导老师		日期		成绩	
拟工作岗位	机动车保险公司查勘、定损员				
实训目的	1.了解车险查勘与定损的规范要求和相关流程; 2.根据流程进行事故车辆的查勘和定损				
实训设备	车辆一台、相机一个、保险相关单证、驾驶证、行驶证				
实训方式	以小组为单位(5人一组),共同讨论后确定分工,指定1人扮演机动车查勘、定损员,1人扮演客户,进行情景演练,其他同学辅助				
案例导入	情景案例一 2015年8月1日7时40分,保险公司客服人员接到客户王某报案,报案人员王某称驾驶某丰田轿车在掉头时不慎撞在门口的大树上,标的车辆右前方保险杠、远光灯有损坏。接报案后,客服人员将该案件通过调度安排张某去现场查勘。 根据上述案件描述,按照以车险查勘、定损流程进行相关操作。 1.填写查勘报告单 2.填写索赔须知 3.填写机动车辆保险车损失情况确认书 4.填写修理项目清单 5.填写零部件更换项目清单(代询价单)				
实训小结					

实训二 核损

班级		姓名		学号	
指导老师		日期		成绩	
拟工作岗位	机动车保险公司核损员				
实训项目	事故车案件核损				
实训目的	1.了解车险核损的规范要求和相关流程; 2.根据流程进行事故车辆的核损				
实训设备	计算器、办公座椅、教材、有关手册				
实训方式	以小组为单位(5人一组),共同讨论后确定分工,指定1人扮演机动车核损员,1人扮演客户,进行情景演练,其他同学辅助				

续上表

实训步骤	1.根据定损人员在完成保险事故的损失确定工作后,制作初定损清单并交由核损人员进行核损。 | 审核项目	如何核查
甲、乙两车保单有效性	
标的车辆及第三者车辆	
保险责任	
事故的真实性	
事故损失	
理赔单证	
赔款计算	
索赔人	| 2.简述核损的主要流程及注意事项
实训小结	

实训三 车险赔款理算

班级		姓名		学号	
指导老师		日期		成绩	
拟工作岗位	机动车保险公司赔款理算员					
实训项目	事故车案件赔款理算					
实训目的	1.了解车险案件赔款理算的规范要求和相关流程; 2.根据要求准确理算各项赔款					
实训设备	计算器、办公座椅、教材、有关手册					
实训方式	以小组为单位(5人一组),共同讨论后确定分工,指定3人扮演机动车理算员,1人扮演客户,1人辅助,进行情景演练。					
实训步骤	甲车投保交强险、足额车辆损失险、商业第三者责任险20万元,乙车投保交强险、足额车辆损失险、商业第三者责任险30万元。两车发生交通事故,甲车承担70%责任,车损5000元;乙车承担30%责任,车损3500元,按条件规定主要责任免赔率为15%,次要责任免赔率为5%,则甲、乙两车能获得多少保险赔款? 1.交强险赔款理算 (1)两车适用的交强险财产损失赔偿限额为(　　)元,医疗费用赔偿限额为(　　)元,死亡伤残赔偿限额为(　　)元。					

续上表

| | (2)甲车的第三者是( );乙车的第三者是( )。
(3)作为甲车第三者的乙车损失为3500元,( )于交强险中财产损失赔偿限额的2000元,所以保险公司应赔偿( )车( )元。
(4)作为乙车第三者的甲车损失为5000元,( )于交强险中财产损失赔偿限额自2000元,所以保险公司应赔偿( )车( )元。
2. 车辆损失保险赔款理算
(1)判断甲、乙两车损失险投保的类型。
A. 投保时按保险车辆的新车购置价确定保险金额(是/否)
B. 按投保时保险车辆的实际价值确定保险金额或协商确定保险金额(是/否)
(2)辨别是全部损失还是部分损失。

(3)如果是全部损失怎么计算?

(4)如果是部分损失怎么计算?

3. 第三者责任保险赔款理算
(1)从题目中找出甲车第三者责任保险为( )万元,乙车第三者责任保险为( )万元。
(2)比较分析甲车第三者损失金额——交强险赔付金额( )于甲车第三者责任保险为( )万元。
比较分析乙车第三者损失金额——交强险赔付金额( )于甲车第三者责任保险为( )万元。
(3)甲车三者赔偿 = ( ) × 事故责任比例 × (1 − 免赔率之和)
　　=
(4)乙车三者赔偿 = ( ) × 事故责任比例 × (1 − 免赔率之和)
　　=
4. 总赔款理算
甲车赔款理算总额 =

乙车赔款理算总额 = |
| 实训小结 | |

模块小结

本模块主要介绍了机动车理赔中的事故车现场查勘、事故车定损、事故车核损及机动车理赔等机动车理赔实务流程。通过本模块的学习,机动车保险从业人员可以掌握机动车理赔实务中的理赔流程,能够完成事故车辆的查勘与定损、核损工作,正确填写机动车保险赔款计算书,完成车险赔款理算工作。

思考与练习

（一）填空题

1. 根据现场的完整真实程度,出险现场一般可以分为_____、_____、_____、_____四类。
2. 在车险实务中,定损的方式有_____、_____、_____。
3. 保险车辆出险后,定损的项目包括_____、_____、_____三种。
4. 车辆损失由_____、_____、_____构成。
5. 保险车辆的维修工时费用等于各维修项目_____和_____的乘积之和。

（二）判断题

1. 抢救车辆在拖运受损保险车辆途中发生意外事故造成的损失和费用支出,保险公司不予赔偿。（   ）
2. 保险车辆出险后,被保险人赶赴肇事现场处理所支出的费用属于施救费用,保险公司负责赔偿。（   ）
3. 保险公司只对保险标的的施救费用负责,对非承保财产的施救费用不予赔偿。（   ）
4. 在第三者责任险的赔偿中,被保险人依法应当承担的赔偿费用由保险人承担。（   ）
5. 核赔就是对各种单证进行审核。（   ）

（三）简答题

1. 简述理赔工作的原则和流程。
2. 简述接受报案的工作内容。
3. 简述现场查勘的主要内容。
4. 简述怎样绘制现场草图。
5. 简述如何拍摄现场照片。
6. 简述如何确定车辆损失。
7. 简述人员伤亡费用的赔偿范围。
8. 简述核损的主要工作内容。

（四）案例分析题

1. A、B 两机动车发生交通事故,承担同等责任,A、B 两车车辆损失分别为 2000 元和 5000 元,B 车车上人员医疗费用 8000 元,死亡伤残费用 6 万元。此外,两车事故另造成道路设施损失1000元,两车仅投保交强险未投保商业险。请分别计算A、B两车交强险赔偿金额。

2.一辆投保营业性机动车损失保险的车辆发生单方交通事故,其新车购置价(含车辆购置税/费)为10万元,保险金额为10万元,出险时实际价值为5万元。经事故责任认定,该车驾驶人承担全部责任,依据条款规定承担20%的免赔率,同时由于是第三次出险,增加5%的免赔率。该车车辆修理费用4万元,残值100元。请计算车辆损失保险赔款。

模块五　机动车保险欺诈的预防与识别

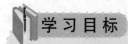

知识目标
1. 了解机动车保险欺诈的概念；
2. 了解机动车保险欺诈的特点；
3. 了解机动车保险欺诈的危害；
4. 掌握机动车保险欺诈骗赔的识别方法。

能力目标
1. 能够根据交通事故现场的情况找出案件疑点；
2. 能够在笔录过程中找到案件疑点，并说服客户放弃索赔。

情感目标
1. 具有良好的思想政治素质、行为规范及职业道德；
2. 热爱该专业领域工作，具有良好的心理素质及身体素质；
3. 具有较强的业务素质，能够熟练、准确地为顾客解决实际问题；
4. 具有与客户进行交流及协商的能力。

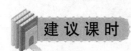

4 课时。

 案例导入

2018 年 5 月 10 日，某保险公司接到电话报案，在某双向单车道路上，投保人马某驾驶本田轿车与另一辆丰田轿车会车时，由于投保人操作不当，和对方车碰撞后，使对方车碰到护栏上，对方车辆受损严重，车上人员受伤，请求查勘员现场查勘。

作为机动车保险查勘员，你应如何发现现场疑点，如何验证疑点？

 相关知识

随着机动车保险市场的快速发展，机动车保险在维护道路交通安全、解决纠纷和促进社会经济建设等方面扮演着越来越重要的角色。然而关于机动车保险欺诈的现象日益频繁,成为保险犯罪的高发区,机动车保险欺诈逐渐呈现出团伙化、专业化和职业化等特征。据中国保监会2016年估计,机动车保险欺诈占到保险赔付总额的10%~20%,金额约600亿元。

一、机动车保险欺诈界定、特点及危害

(一)机动车保险欺诈的概念

保险欺诈,在国际上一般也称为保险犯罪。从严格意义上讲,保险欺诈较保险犯罪的含义更加广泛。保险欺诈是一种鼓励利用保险合约谋取利益的行为,这一行为基于投保方的不当目的。而在保险公司经营实际中,保险活动参与者均有可能是保险欺诈的行为主体,如保险人、投保人以及第三方。根据保险欺诈的性质不同,通常将保险欺诈分为保险硬欺诈和保险软欺诈。保险硬欺诈是指投保方在保单承包范围内故意编造或制造保险事故,保险软欺诈则是指投保方夸大合法的索赔。

机动车保险欺诈(以下简称"车险欺诈")是保险欺诈的一种表现形式,车险欺诈的参与者包括保险人、投保人和第三方。如机动车保险投保前,投保方故意未履行如实告知义务,并在投保后骗赔;保险代理人签订假合同,故意制造事故;机动车修理商与车主串谋欺诈保险公司,或被保险人与理赔人员串谋欺诈保险公司;保险人不诚信经营等。车险欺诈在现实中具有一些较为明显的特征,如事故现场没有警方的事故报告,损坏车辆比较旧,没有人员或家畜受伤的客观证明,索赔人精通索赔技术,被保险人感到很生气拒绝承担责任,人员受伤与警方的报告不一致等。

(二)机动车保险欺诈的特点

车险已成为财产保险的龙头险种,在整个产险中占有举足轻重的地位。然而,车险的赔付情况不容乐观,支付赔付支出占整个产险赔付支出的比例超过70%,赔付率基本在50%以上,高于产险整体的赔付率。车险欺诈无疑是造成车险赔付率居高不下的主要原因之一。近些年,车险欺诈呈现出团伙化、专业化和职业化的特点。

团伙化是指车险欺诈人员内部组织严密,分工明确,涉及伪造、编造修车发票,伪造公安交警部门出具的交通事故责任认定书,伪造车主身份证等行为。骗保人员多为团伙勾结作案,通常有以下几种情况:车主自己勾结同伙实施骗赔,修理厂、代理机构实施团伙骗赔,保险公司与社会人员内外勾结骗赔,车主与医院联合造假骗赔等。

专业化是指车险欺诈作案手法专业性越来越强,极具隐秘性。由于参与车险欺诈的作案人员对于车险查勘、定损及理赔的流程及漏洞比较了解,作案现场布置得具有极强的迷惑性,再加上高科技的发展,伪造的交通事故认定书及医院的诊断书等证明材料在很大程度上能够以假乱真。

职业化是指车险欺诈由起初的机会型欺诈逐渐向职业化转变。所谓机会型欺诈,是指事故发生后,伪造现场或找人"顶包"或理赔时夸大损失,例如上路"碰瓷"等行为,主要是诈骗实施主体具有侥幸心理,而此类诈骗在查勘时比较则容易发现疑点。但随着车险市场的不断发展,车险诈骗成功率随之提高。极为特殊的诈骗事件的成功,使得人们为追逐利益而

铤而走险,做起了专门进行保险诈骗的勾当,这其中既包括专门制造假事故或伪造理赔资料向保险公司要求赔偿,也包括骗取保险金的行为。犯罪人员制售假保单,出具假保险证、收据、印章等,骗取消费者的保费,严重影响着保险市场的秩序。

(三)机动车保险欺诈的危害

(1)车险欺诈的存在使保险公司经营面临的风险增加。假车险事故发生后,保险公司在对保险事故进行调查时,要付出大量人力、物力和财力,而带有欺诈性的事故调查通常更为困难,因为车险欺诈案件往往具有极强的隐蔽性,作案手法具有极高的专业性,获取欺诈证据非常艰难,因而欺诈者较容易到赔付,使保险公司的经济利益受损。另一方面,当保险公司在调查案件过程中需要更长时间的举证时,欺诈者为逼迫保险公司尽快赔付,就会在社会公众面前散布谣言,损害保险公司的声誉,使保险公司的现有客户和潜在客户不断流失。

(2)车险欺诈的存在侵犯了保险消费者的合法权益。由于消费者对保险产品的价格变化不敏感,保险公司会将由于车险欺诈造成的额外成本,通过提高保险产品费率的方式转嫁给消费者,即因车险欺诈导致保险公司增加的成本是由众多投保人承担的,这侵犯了消费者的利益。

(3)车险欺诈的存在严重损害了保险行业的形象。假事故的大量存在,使得保险公司为转嫁成本的上升而提高保费,同时严格审查投保条件和理赔条件,使保险公司与客户之间存在隔阂,也加重了客户对保险行业的不信任,不利于保险行业的公信力建设。

(4)车险欺诈的存在破坏了和谐社会的构建,败坏了社会道德风气。利益驱使诈骗分子以身试法使用各种手段骗保,这不仅是对诚信道德底线的严重践踏,更严重破坏了社会风气和社会秩序。在引发巨大经济损失的同时,滋长了行骗获利之风,不利于构建社会主义和谐社会。

二、机动车辆骗赔的预防

(一)车险骗赔的手段及方式

车辆骗赔常见的手段有:先险后保、一险多赔、制造虚假事故、低损高赔、移花接木(包括配件、车辆等)、虚构标的,第三者转嫁损失等。

车辆骗赔常见的方式有:回避正常的理赔处理程序、索赔态度异常、利用宣传媒介对保险公司施加压力、利用不良势力对核赔人员进行恐吓等。

(二)常见车险骗赔的形式

(1)先险后保。先险后保是指机动车出险时投保人尚未投保,但在出险后赶快投保,然后利用一定的手段,伪装成在合同期内出险,从而达到获取机动车保险赔款的目的。实施先险后保时采用的手段有两种,一种是伪造出险日期,另一种是伪造保险日期。伪造出险日期的主要做法是,一般通过人际关系,由相关单位出具假证明,或伪造、变造事故证明,待投保后再按正常程序向投保人报案索赔。对于这类案件,保险查勘员即使是去现场复勘,但若不深入调查了解,则很难察觉。伪造保险日期的主要做法是,投保人串通保险签单人员,内外勾结,将起保日期提前。无论采取何种手段,先险后保案件有一个明显特点,即投保时间与向保险公司报案的时间很接近,因此对投保日和出险日比较接近的保险案件应当警惕。

(2)谎报出险。谎报出险是指本没有出现事故,但投保人或被保险人却无中生有,谎称发生了险情而进行报案。这类情况往往投保人需要采用证人做伪证,伪造事故现场和证明材料等。

(3) 一险多赔。这类诈骗是机动车保险理赔中最常见、最普遍的现象。一次事故先由事故责任者给予赔偿,再向保险公司索赔。此类案件一般是投保人无责,而由第三方负事故责任,由第三方给予赔偿,然后投保人再到保险公司报案,谎称自己是事故责任方,以此骗赔。对于单方事故,特别是对车辆尾部损坏的事故,如果在现场查勘时尽到注意义务,可有效防止此类案件发生。

(4) 冒名顶替。例如投保车辆出险时驾驶人是酒后驾车,为了能获得正常赔付,则找一个合格驾驶人顶替。对于未投保车辆发生事故,车主为了减少损失,会将已投保但未出事故的同型号、同颜色的车辆牌照与未投保车辆的牌照互换,向保险公司索赔。

(5) 低险高赔。低险高赔是指出险机动车损失很小,而被保险人却故意夸大损失程度或损失项目,以小抵大骗取赔款。例如,被保险人将事故机动车上未损坏的零部件更换为损坏的部件,再向保险公司报案便属于此类情形。一些机动车维修厂为拉拢客户,有时会帮助客户进行欺诈骗赔。这些机动车维修企业,与事故汽车同类型车辆的损坏零配件比较多,再上"专业人士"的参与帮忙,帮助被保险人夸大损失程度,骗取保险公司的高额赔款。因此,此类明赔案件较难识别,这就要求车辆定损人员有较强的专业知识和丰富的理赔经验。

(6) 假险骗赔。假险骗赔是指故意出险造成损失,以骗取赔款的操作。此类案件常见的有两种类型,一类是机动车趋于报废,价值较低,而车辆损失保险的保额又较高。在被保险人期望获取高额赔款的欲望驱动下,故意造成汽车出险。例如,价值 5 万元的旧车装饰后以 10 万元投保,然后由被保险人在偏僻地区将车推下山坡等。这类案件往往具有出险时间、地点被精心选择的特点,所以查处的难度较大。有时虽然怀疑它是骗赔案,但却难以找到证据。另一类是由于机动车保险条款将一些特殊情况下的机动车损坏规定为责任免除,被保险人为获取赔偿,故意造成保险责任范围内的事故。例如,停放在小区中的机动车其左侧远光灯罩出现不明原因的损坏,保险公司对此不予赔偿,于是投保人故意撞车,导致车辆保险杠左侧、左侧远光灯、左前雾灯等损坏,报案时谎称是自己不小心撞上的。保险公司如不能识别其诈骗企图,则很容易上当受骗。

(三) 车险骗赔的预防

面对机动车保险欺诈骗赔日益增多的实际情况,保险公司要针对机动车保险欺诈骗赔的不同特点,在实践中认真总结经验教训,采取有针对性的措施,预防车险骗赔。

(1) 加强保险知识和法律知识的宣传普及。防止保险欺诈的决定因素是公共意识。因此,保险公司应该加大对保险知识和相关法律法规的宣传,增强公民的保险意识和法制意识,让广大公民充分认识到车险骗赔行为的错误性。

(2) 加强与有关部门的合作。首先,加强与政法部门的合作,充分发挥法律法规的作用,对应负行政责任的,应配合有关行政部门予以查办;对构成犯罪的,要积极配合政法部门,将犯罪分子绳之以法。其次,加强与司法鉴定部门的合作。保险公司应该加强与司法鉴定部门的联系,发挥各自的特长,长期从科学证据上充分打击机动车保险欺诈违法犯罪。再次,加强与警方的合作。一些可疑的索赔案件,可借助警方的刑事侦查优势,达到有效识别汽车保险欺诈的目的。最后,加强行业间的合作。各保险公司应在不泄露商业机密的前提下进行反欺诈合作。

(3)加强内部制度建设。加大反车险骗赔工作的投入,为反车险欺诈工作配备必要的人力,注意对专业人才的培养。要建立高水平的理赔队伍。高素质的从业人员是做好理赔工作、识别保险欺诈的基本保障,因此要对员工进行经常性的新知识培训,保证拥有一支高水平的理赔队伍。加强查勘定损工作实践教育,提高对索赔案件的反应速度。经验表明,很多汽车保险欺诈案件,如果被保险人事先未做特别充分的骗赔准备,一旦保险公司理赔人员能够作出迅速反应,可以被有效制止和揭穿。要完善内部监控机制,对员工加强思想教育,增强员工的风险意识,把防范和化解风险作为公司生存和发展的根本所在。保险公司内部要建立承保核审制度,对所要承揽的业务要按照程序对风险进行多次识别、评估和筛选,以便有效控制责任,确保承保质量。此外,保险公司还要建立规范的理赔制度,实行接案人、查勘人、定损人、理算人、审核人分离制度和现场查勘双人制,人人把关,各司其职,互相监督,严格防范与确保理赔质量。

三、典型案例分析

2018年12月8日夜间,某保险公司接到电话报案,在某城市道路上,由于驾驶人操作不当,一辆丰田轿车撞到路边树上,车辆前方受损严重,车上人员受伤情况不明,请求查勘员现场查勘。

如图5-1所示,查勘员到达现场进行现场查勘时,观察周围环境,发现此路段路灯正常,道路明亮,路上没有行人,车辆极少,路面较宽。

如图5-2所示,查勘员查看车辆外部,发现车辆前方受损严重,前保险杠断裂且变形严重,右前远光灯几乎粉碎,前副车、左右前纵梁架变形严重,发动机整体位置后移,发动机舱盖变形严重。发动机舱盖和风窗玻璃上有掉落的树枝,发动机冷却液、空调

图5-1 事故现场环境

制冷剂大量泄漏,树干有被撞的痕迹,地上存在掉落的零部件。

图5-2 车辆外部情况

如图 5-3 所示，查勘员检查汽车内部，发现车内有酒味，主、副驾驶室安全气囊均弹出，且主驾驶室内安全气囊上有血迹。

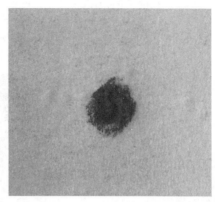

图 5-3　车辆内部情况

查勘员首先查明出险原因，询问事故案发前车辆的行驶轨迹和案发经过，随车人员是否饮酒以及驾驶人是否受伤。据驾驶人叙述，车上四人在某饭店用餐开车回家，但驾驶人没有饮酒，经过该路段时，一辆大型车辆经过。由于对方车辆开启远光灯，驾驶人一时没有看清道路，撞到了路边的树上，但车内人员均没有受伤。

根据驾驶人提供的信息，车内人员均没有受伤，这与主驾驶室安全气囊上有血迹相矛盾。查勘员怀疑真正的驾驶人应是酒后驾驶，该案件可拒赔。查勘员向投保人提出拒赔，如果投保人要求继续赔偿，那么投保人将有违法行为。最终投保人放弃索赔，一起车险骗赔案件在第一现场被处理完毕。

查勘员在进行现场查勘时，对驾驶人有饮酒、吸食或注射毒品、被药物麻醉后使用保险车辆或无照驾驶、驾驶车辆与驾驶证准驾车型不符、超载等嫌疑的，应将此类案件按照骗保案对待。凡是与案情有关的重要情节，都要尽量收集、记载，以反映事故全貌。如果在第一现场不能当场拒赔的案件，可在系统录入案件后转由大案检查岗人员去调查，由相关人员对有骗保嫌疑的案件进行下一步处理。

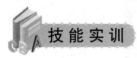

识破车险骗赔案件

班级		姓名		学号	
指导老师		日期		成绩	
拟工作岗位	汽车保险查勘员				
实训项目	事故现场查勘				
实训目的	1. 了解汽车事故现场车辆正常碰撞点、制动轨迹； 2. 熟悉机动车交通事故责任保险条款； 3. 能够查找出事故中的疑点				
实训设备	带照相与录音功能的手机或相机、录音笔、机动车辆保险事故现场查勘记录表、出险报案表、机动车辆保险报案、立案登记簿、机动车辆保险拒赔通知书、纸、笔、车辆等				
实训方式	以小组为单位(2 人一组)，1 人扮演汽车保险查勘员，1 人扮演标的车主，进行情景演练				

续上表

实训步骤	2018年12月24日下午4点37分，某保险公司接到电话报案，在某桥梁下的某段路上，投保人马某驾驶的速腾车撞到路上的防撞墩，车辆受损严重，车上人员轻微擦伤，由于案发时间接近凌晨5点，故驾驶人当时没有报案，自行将车拖回停车场。 随即，查勘员赶赴停车场进行查勘，查勘员现场拍摄的照片如图5-4所示。  a)  b)  c)  d) 图5-4 事故现场
实训小结	

模块小结

本模块主要介绍了机动车保险欺诈界定、特点及机动车辆骗赔的预防。机动车保险从业人员可以通过对现代越来越隐蔽化、集团化、专业化的保险欺诈行为进行典型案例分析、讨论和技能训练,达到提高车险查勘员对诈骗案件的识别、侦查、调查取证及沟通拒赔方面业务能力的目的。

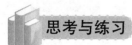

(一)填空题

1. 机动车保险诈骗的特点有_____、_____和_____。
2. 保险公司经营的实际中,保险活动参与者均有可能是欺诈保险欺诈的行为主体,如_____、_____以及_____。
3. 通常根据保险欺诈的性质,将保险欺诈分为_____和_____。

(二)简答题

1. 什么是保险欺诈行为?
2. 机动车保险欺诈的危害有哪些?
3. 列举常见的车险欺诈案例。

模块六　机动车保险与理赔系统操作

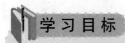

☞ **知识目标**

1. 掌握机动车车险的承保业务操作；
2. 掌握机动车车险的理赔流程及业务操作。

☞ **能力目标**

1. 能够根据客户需求办理各项车险业务；
2. 能够根据报案客户及时完成理赔业务流程。

☞ **情感目标**

1. 具有良好的思想政治素质、行为规范及职业道德；
2. 具有较强的业务素质，能够熟练、准确地为顾客解决实际问题；
3. 具有与客户进行交流及协商的能力。

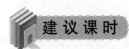

6课时。

一、保险办理

客户王某到保险公司找保险销售员，欲为自己的爱车办理车辆保险，王某车辆的具体信息如图6-1所示。

1. 投保基本信息的录入

首先，我们应该录入投保车辆的基本信息，包括投保人信息、被保险人信息、投保车辆信息和约定驾驶人信息。

(1) 点开投保平台(图6-2)。

(2) 点击"搜索"找到相关编号并点击"录入"(图6-3)，录入时一定要仔细核对客户及车辆基本信息，并确保无误。

(3) 录入信息完成后点击"提交"(图6-4)。

模块六　机动车保险与理赔系统操作

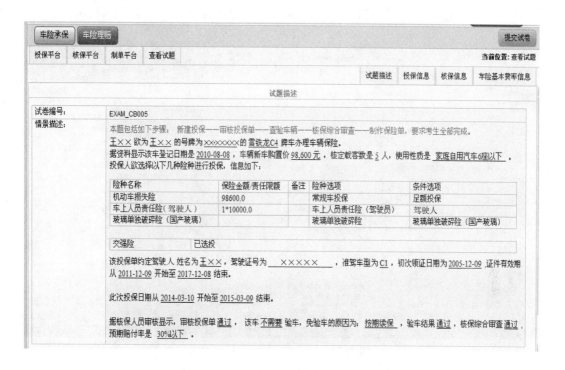

图 6-1　王某车辆信息

图 6-2　投保平台初始界面

149

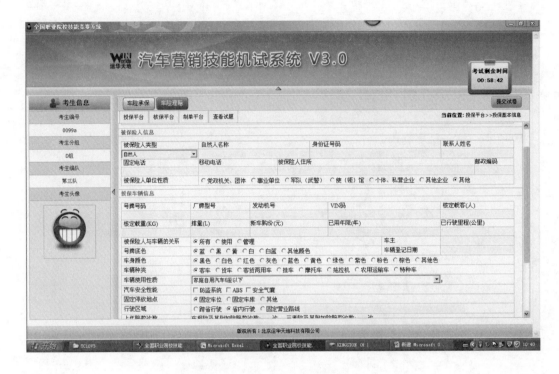

图 6-3 信息录入界面

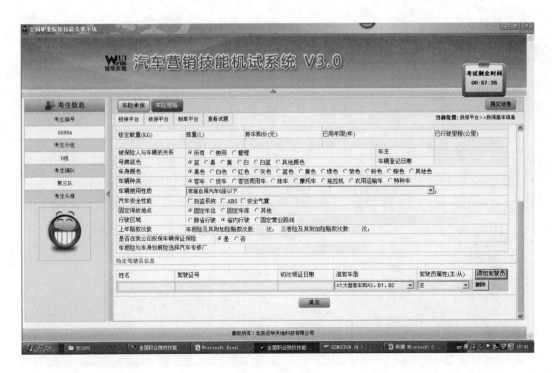

图 6-4 提交界面

2.保费的计算

当基本信息全部录入后,进行保费计算。需要特别注意的是,当操作人员选中相对应的险种类别、险种选项和条件选项后,系统会自动生成计算公式。因此,一定要注意核对信息选择是否正确。

(1)进行案例中的机动车损失险的计算,如图6-5所示。

图6-5 机动车损失险计算界面

计算时,基础保险费和费率应按照保险公司对当地基础费率的设置填写。

(2)进行案例中的车上人员责任险的计算,如图6-6所示。

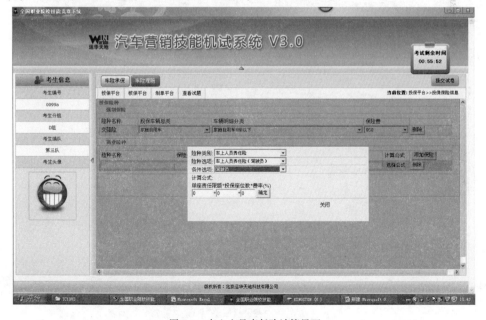

图6-6 车上人员责任险计算界面

(3)进行案例中玻璃单独破碎险的计算,如图6-7所示。

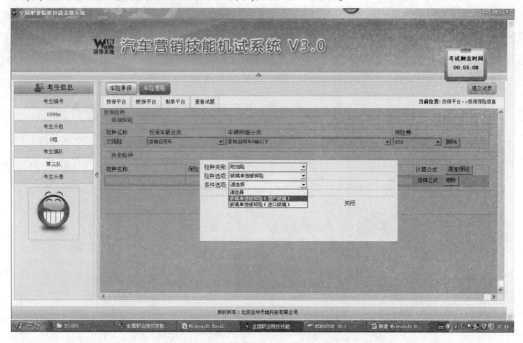

图6-7 玻璃单独破碎险计算界面

3. 核保

(1)审核投保单。如图6-8所示,选择核保平台点击"查看投保单"。如审核无误,点击"提交"。

图6-8 "查看投保单"界面

(2)查验车辆。如图 6-9～图 6-11 所示,选择"查验车辆",点击"验车",如审核无误,点击"提交"。

图 6-9 "查验车辆"界面

图 6-10 "验车"界面

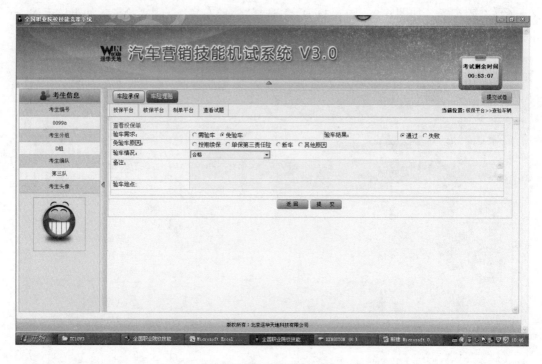

图 6-11 验车结果"提交"界面

（3）核保综合审查。如图 6-12、图 6-13 所示，当（1）（2）两步操作完成，进入"核保"界面，如审核无误，点击"提交"。

图 6-12 "核保"界面

图 6-13 核保审查"提交"界面

4. 制单

(1) 制作商业保险单,界面如图 6-14 所示。

图 6-14 商业险保险单制作界面

(2) 制作强险单,界面如图 6-15 所示。

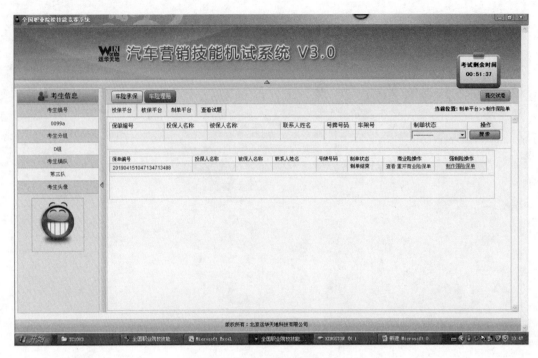

图6-15 交强险保险单制作界面

二、保险理赔办理

某保险公司接到报案,具体信息如图6-16所示。

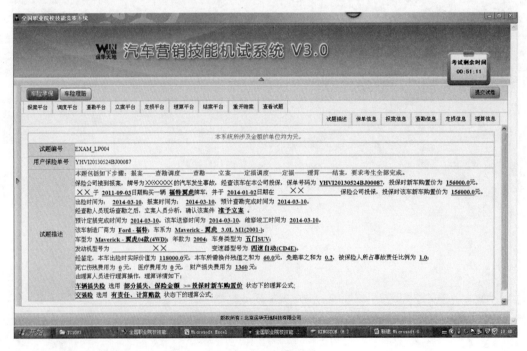

图6-16 案例具体信息

1. 报案平台

(1) 选择"报案平台"并点击"新建案件"(图6-17)。

(2) 点击"搜索",找到相应的报案人(图6-18)。

(3) 点击"选择"并完成相关信息的录入(图6-19)。

(4) 检查信息录入是否准确无误。如无误,点击"提交",案件信息即可被保存下来(图6-20)。

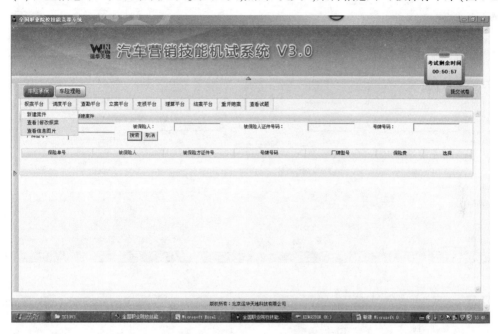

图6-17 "新建案件"界面

图6-18 报案人搜索界面

机动车辆保险与理赔

a)

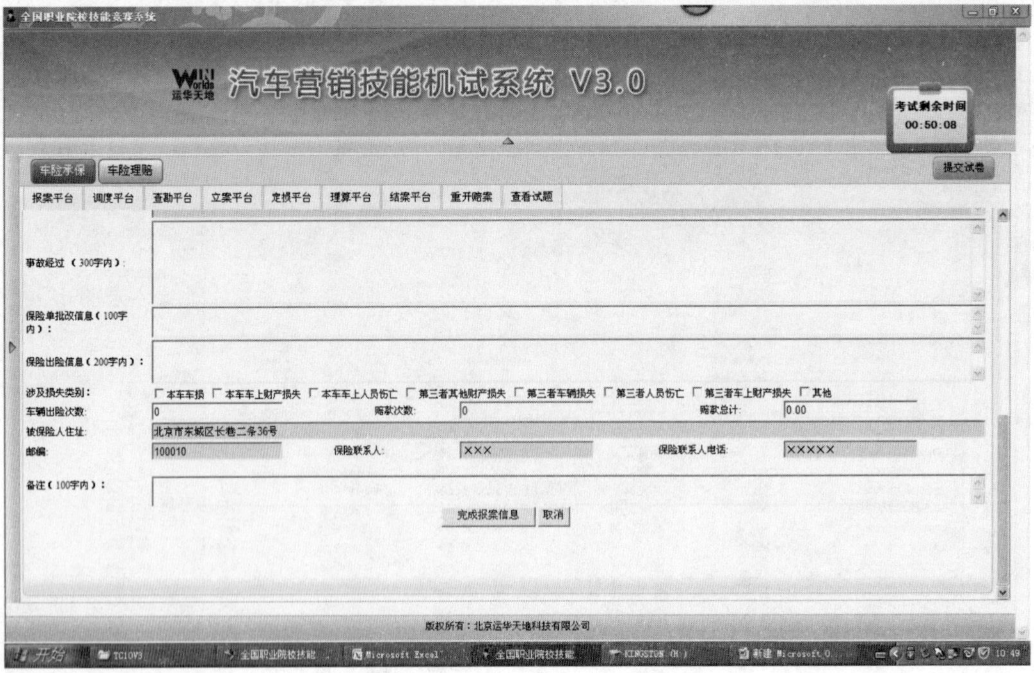

b)

图 6-19 信息录入界面

模块六 机动车保险与理赔系统操作

图 6-20 案件信息成功保存界面

2. 调度平台

操作人完成报案信息录入后,进入调度平台,该平台可实现对现场查勘员和定损员的调度。

(1)选择调度平台并点击"查勘调度"(图 6-21)。

(2)确认查勘信息并点击"完成查勘调度"(图 6-22),系统将提示操作人查勘调度成功(图 6-23)。

(3)在查勘调度成功后,选择调度平台并点击定损调度(图 6-24)。

(4)查看定损信息,并点击"完成定损调度"(图 6-25)。

(5)点击"完成定损调度后,系统将提示操作人定损调度成功(图 6-26)。

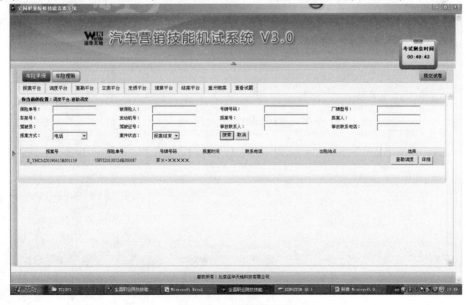

图 6-21 "查勘调度"界面

159

机动车辆保险与理赔

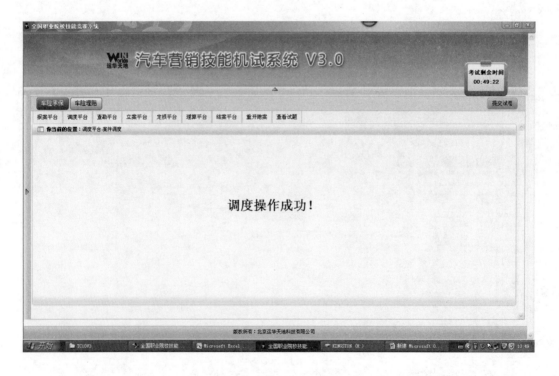

图6-22 确认查勘信息界面

图6-23 查勘调度成功界面

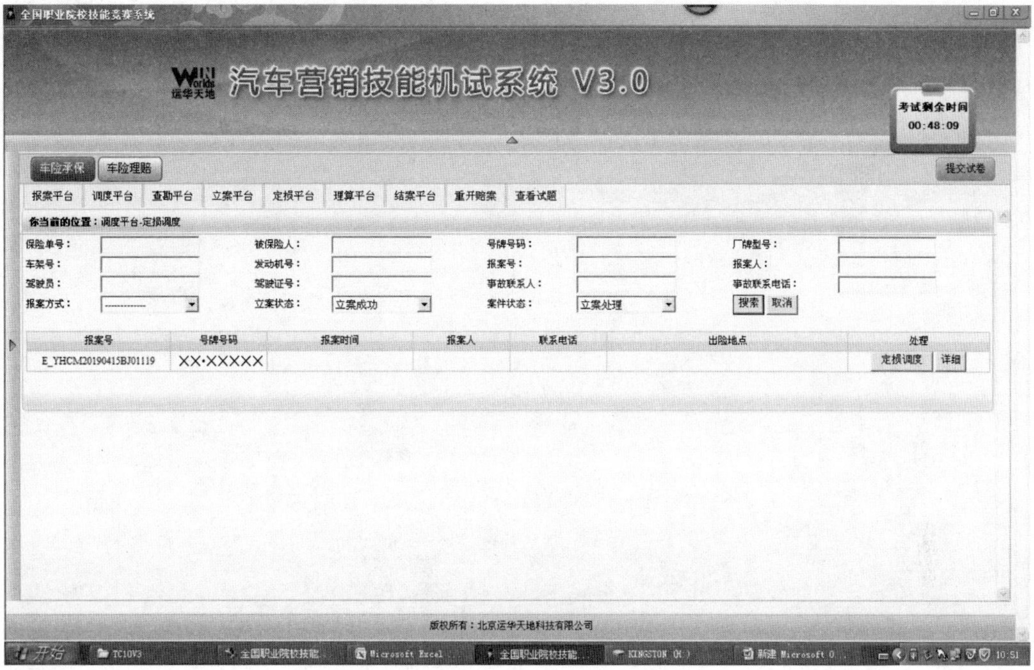

图 6-24　“定损调度”界面

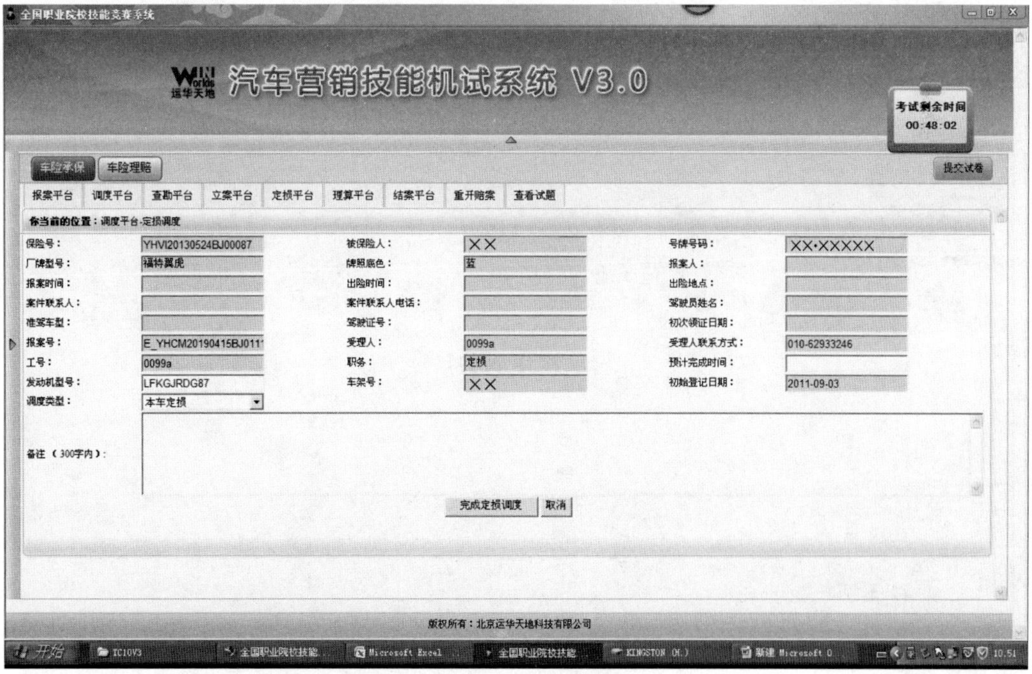

图 6-25　“完成定损调度”界面

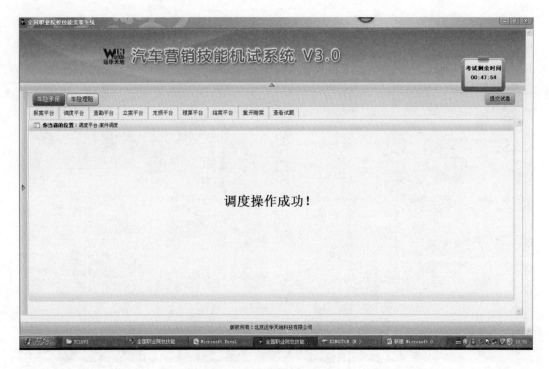

图 6-26 定损调度成功界面

3. 查勘平台

(1) 选择查勘平台并点击"新建查勘"(图 6-27)。

(2) 录入查勘相关信息,经确认无误后点击"完成查勘"(图 6-28)。

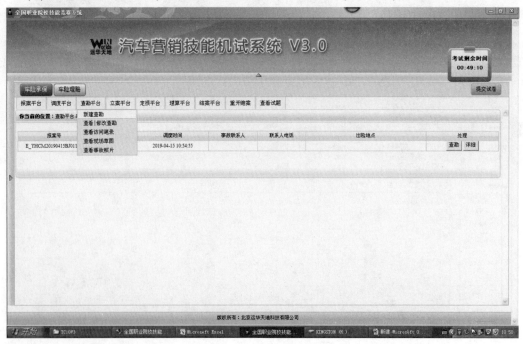

图 6-27 "新建查勘"界面

图 6-28 查勘信息录入界面

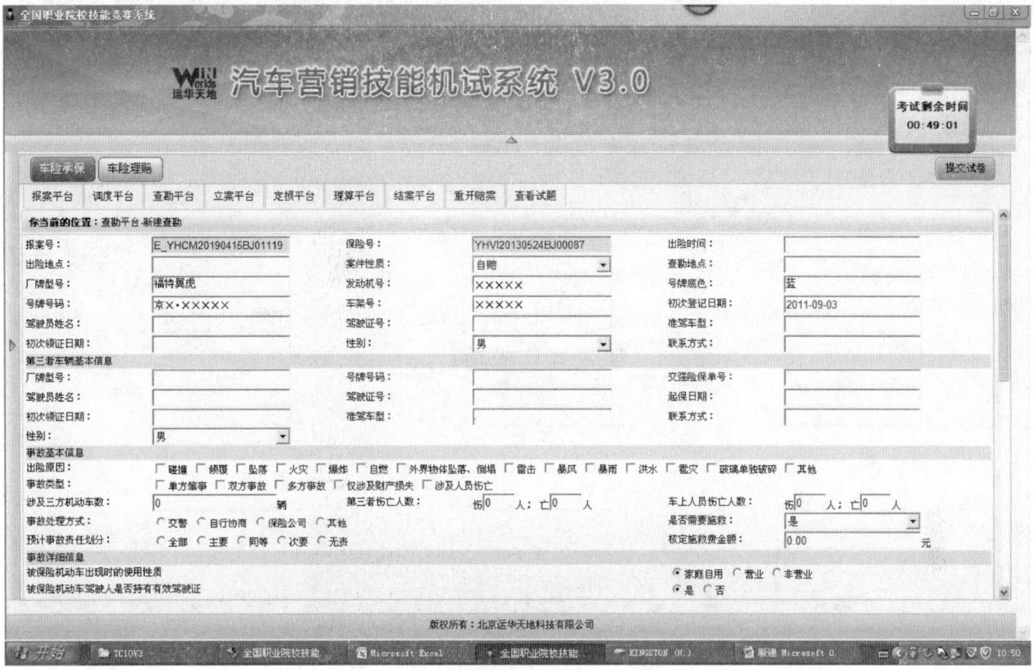

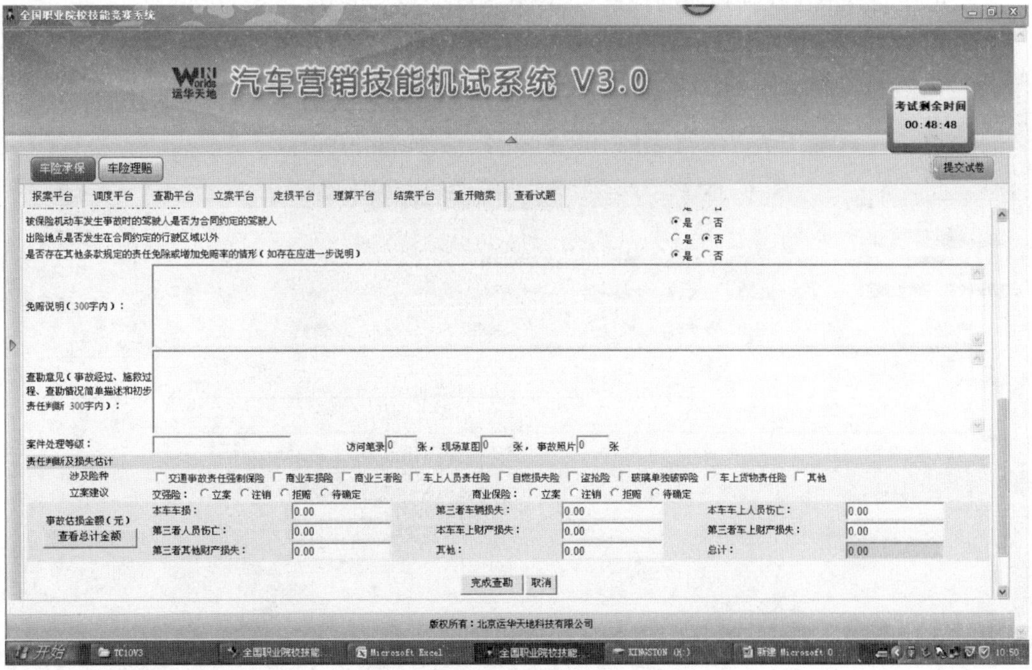

(3) 点击"完成查勘"后,系统将提示查勘操作成功(图 6-29)。

图 6-29　查勘操作成功界面

4. 立案平台

(1) 选择立案平台找到相应的报案号(图 6-30)。

(2) 核对基本信息无误后,点击"完成立案",系统将提示立案操作成功(图 6-31)。

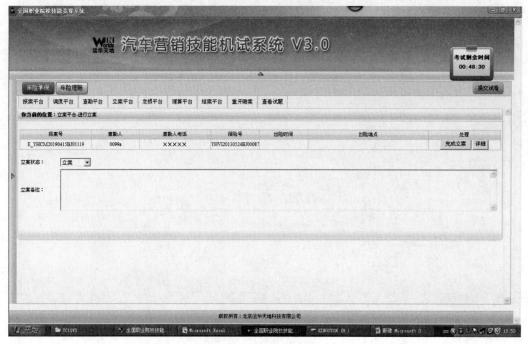

图 6-30　立案平台界面

图 6-31 立案操作成功界面

5. 定损平台

(1) 选择定损平台并点击"新开定损"(图 6-32)。

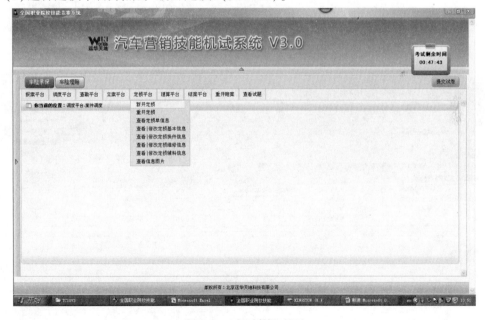

图 6-32 "新开定损"界面

(2) 找到相应报案号,点击"定损"(图 6-33),并进入"定损"信息查看界面(图 6-34)。

(3) 信息确认无误后点击"进入选车操作"(图 6-35)。

(4) 选择车辆基本信息并点击"确认"(图 6-36)。

(5) 选择受损部件(图 6-37),待确认无误后点击"保存换件信息并进入维修操作环节"(图 6-38)。

(6)在添加维修项目完成后,点击"保存维修信息并进入辅料操作环节"(图6-39)。

(7)在添加维修辅料完成后,点击"保存辅料信息并进入查看定损单环节"(图6-40)。

(8)当部件、维修项目、辅料及金额确认无误后点击"结束定损"(图6-41)。

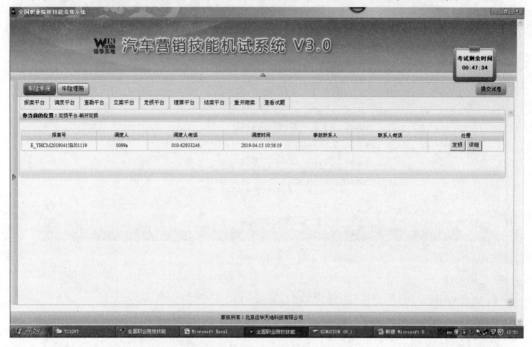

图6-33 根据报案号选择"定损"

图6-34 "定损"信息查看界面

模块六 机动车保险与理赔系统操作

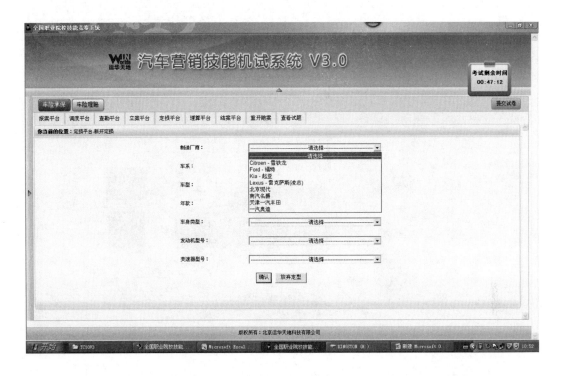

图 6-35　选车界面

图 6-36　确认车辆基本信息

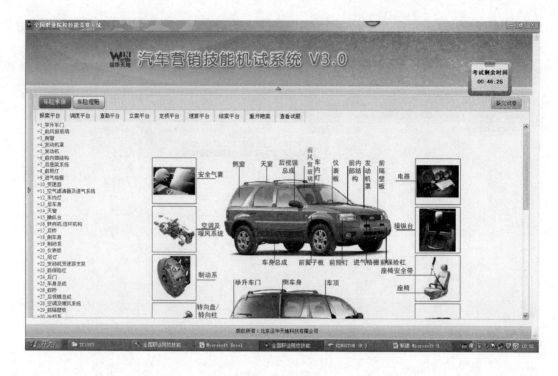

图 6-37 确认受损部件

图 6-38 "保存换件信息"界面

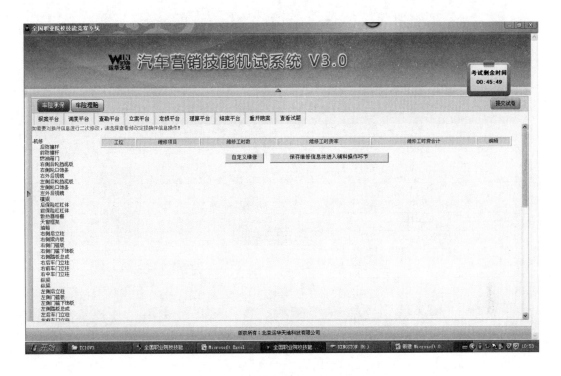

图 6-39　添加维修项目并保存信息

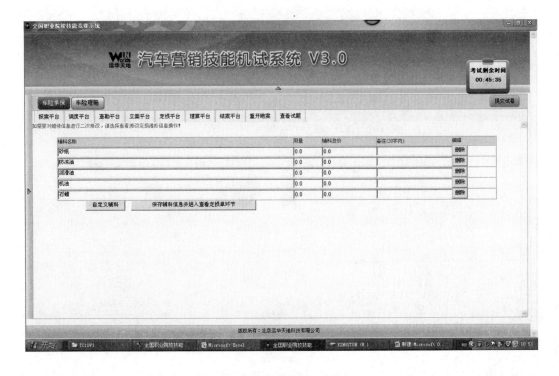

图 6-40　选择维修辅料并保存信息

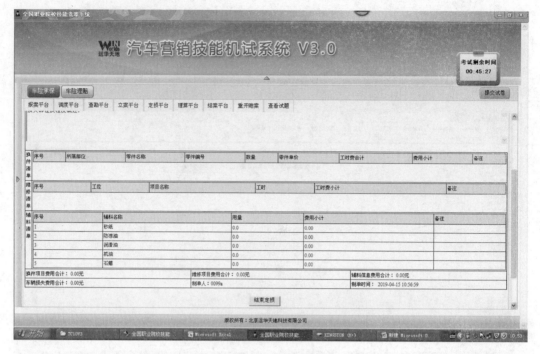

图 6-41 "结束定损"界面

6. 理算及结案平台

(1) 选择理算平台点击"新开理算"(图 6-42)。

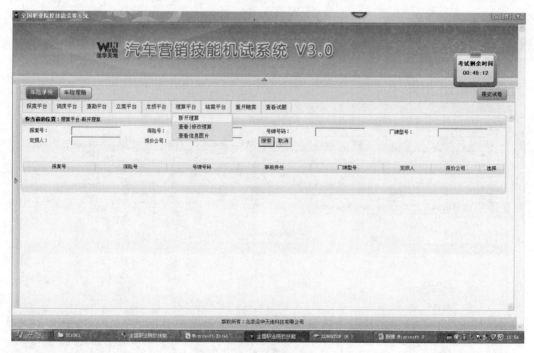

图 6-42 "新开理算"界面

(2) 搜索相应的报案号,并分别对交强险和商业险进行理算(图 6-43)。

模块六　机动车保险与理赔系统操作

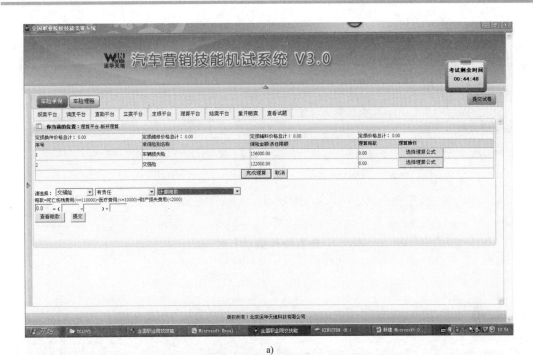

a)

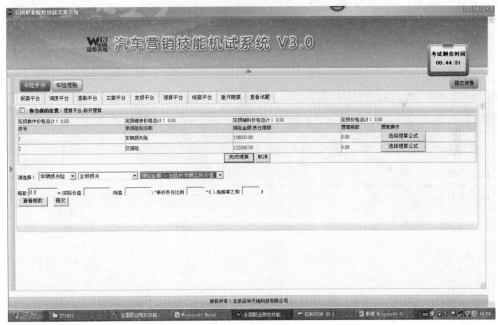

b)

图 6-43　计算赔款界面

(3) 查看赔款无误后点击"提交",系统将提示理算操作成功(图 6-44)。

(4) 选择结案平台点击"新开结案"(图 6-45)。

(5) 搜索相应的报案号,点击"提交结案"(图 6-46)。

(6) 填写结案意见,确认无误后点击"确定"(图 6-47),系统将提示结案操作成功(图 6-48)。

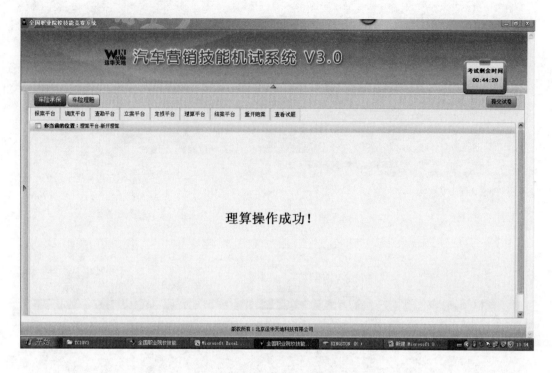

图 6-44 理算操作成功界面

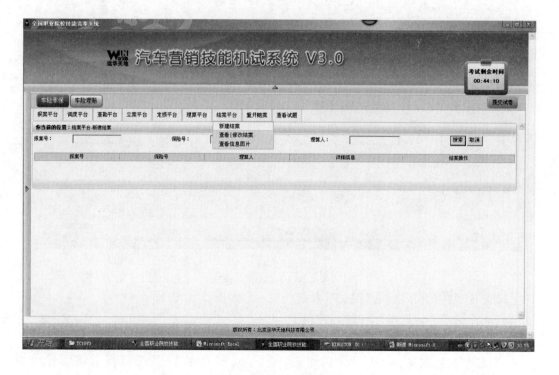

图 6-45 "新开结案"界面

模块六　机动车保险与理赔系统操作

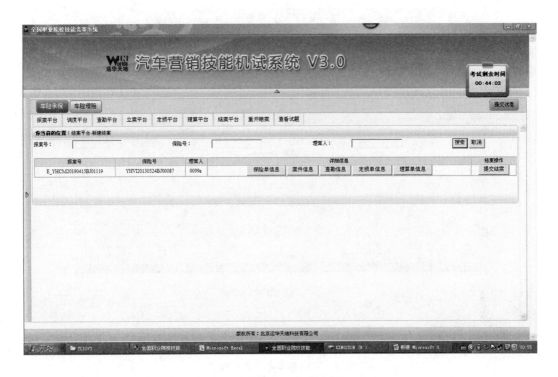

图 6-46　"提交结案"选择界面

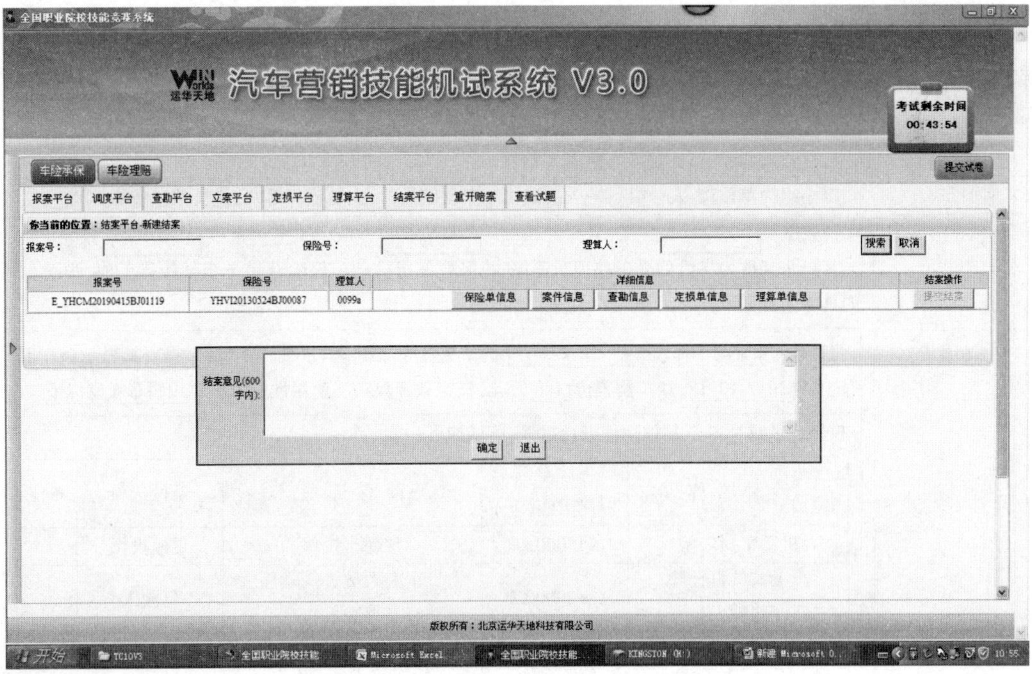

图 6-47　填写并确认结案意见

173

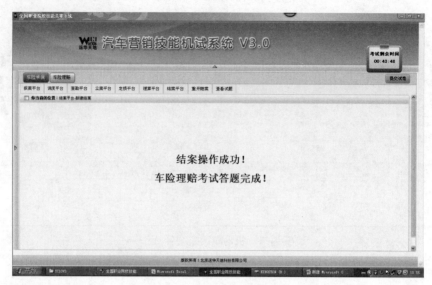

图6-48　结案操作成功界面

技能实训

实训一　机动车承保软件操作

班级		姓名		学号	
指导老师		日期		成绩	
拟工作岗位	机动车保险理赔员				
实训项目	机动车承保系统操作				
实训目的	熟悉操作机动车保险与理赔系统				
实训设备	1.纸、笔、电脑及机动车保险与理赔系统软件。 2.驾驶人驾照、行车证及车辆基本信息				
实训方式	以小组为单位（2人一组），一人扮演机动车营销员，一人扮演标客户，进行情景演练				
实训步骤	情景案例 客户张某欲为自己的爱车办理车辆保险，保险公司机动车保险营销员李某接待了他，张某车辆的具体信息如下： 张某欲为张某的车牌号京x·×××××的车型高尔夫7牌车办理车辆保险。据资料显示该车登记日期2017-12-18，新车购置价11.8万元，核定载客数5人，使用性质家庭自用轿车6座以下。 投保人欲选择以下几种险种进行投保，信息如下： | 险种名称	保险金额责任限额(元)	险种选项	条件选项	备注 | |---|---|---|---|---| | 机动车损失险 | 118000.0 | 常规车投保 | 足额投保 | | | 车上人员责任险（驾驶人） | 1×20000.0 | 车上人员责任险（驾驶人） | 驾驶人 | | | 第三者责任险 | 500000.0 | 第三者责任险 | 第三者责任险 | | | 盗抢险 | 118000.0 | 盗抢险 | 足额投保 | | | 交强险 | 已投选 | | | |				

续上表

	该保单约定驾驶人姓名为<u>张某</u>,驾驶证号为×××××,准驾车型:<u>C1</u>证件有效期从<u>2015-08-15</u> 开始至<u>2021-08-14</u> 结束。 行驶证信息为:初次领证日期为<u>2009-08-15</u>,发证日期为<u>2009-08-15</u>此次投保日期从<u>2018-12-18</u> 开始至<u>2019-12-17</u> 结束。 根据核保人员审核显示,审核投保单<u>通过</u>,该车<u>不需要</u>验车,免验车的原因为:<u>按期续保,验车结果通过</u> 仔细阅读以上案例中客户的信息,为客户的爱车完成机动车保险承保软件操作业务。
实训小结	

实训二 机动车理赔软件操作

班级		姓名		学号	
指导老师		日期		成绩	
拟工作岗位	机动车保险理赔员				
实训项目	机动车理赔系统操作				
实训目的	熟悉操作机动车保险与理赔系统				
实训设备	1. 纸、笔、电脑及机动车保险与理赔系统软件。 2. 车主的报案信息、车辆基本信息及保险公司查勘员的查勘信息				
实训方式	以小组为单位(2人一组),一人扮演机动车理赔员,一人扮演标客户,进行情景演练				
实训步骤	情景案例 　　保险公司接到报案,牌号为××·×××××的汽车发生事故,经查该车在本公司投保,事故车辆的具体信息如下: 车牌号×× ·×××××,保单号YLM124139478BJ00146,投保时新车购置价21.58万元。 张某于<u>2018-10-15</u>日购买一辆日产奇骏牌车,并于<u>2018-10-16</u>日在中国人民保险集团公司保险公司投保,投保时该车新车购置价<u>21.58</u>万元。 出险时间为:<u>2019-06-04</u>,报案时间为:<u>2019-06-04</u>,预计查勘完成时间为:<u>2019-06-04</u> 经查勘人员现场查勘之后,立案人员分析,确认该案件<u>准予立案</u>。 预计定损完成时间为<u>2019-06-04</u>,该车送修时间为:<u>2019-06-04</u>,维修竣工时间为:<u>2019-06-06</u>。 该车制造厂商为:<u>东风日产</u>　　车系为:<u>奇骏2.5</u> 车型为:<u>奇骏2.5(4WD)</u>　　车款为:<u>2018</u> 车身类型为:<u>5门SUV</u>　　发动机号为:<u>202598D</u> 经鉴定本车出险时实际价值为:<u>212600</u>元　本车所需换残值之和为:<u>140</u> 免赔率之和为:<u>0.15</u>　　　被保险人所占事故责任比例为:<u>1.0</u> 死亡伤残费用为:<u>0</u>　医疗费用为:<u>0</u>　财产损失费用为:<u>3800</u>元 仔细阅读以上案例中的信息,为客户的爱车完成机动车保险理赔软件操作业务。				
实训小结					

 模块小结

　　本章主要学习两部分的内容。第一部分介绍机动车投保基本信息的录入、保费的计算、投保综合信息的录入、核保、制单等机动车保险投保流程的系统操作步骤;第二部分介绍机动车理赔的报案平台、调度平台、查勘平台、立案平台、定损平台、理算及结案平台的机动车理赔流程的信息填写。通过学习,机动车保险从业人员能够熟练操作机动车保险与理赔系统,根据客户需求办理各项车险业务,以及根据报案客户及时完成理赔业务流程。

 思考与练习

　　1. 简述机动车车辆保险承保业务流程的操作步骤。
　　2. 简述机动车车辆保险理赔业务流程的操作步骤。
　　3. 简述熟练操作机动车保险与理赔系统的重要性。

参 考 文 献

[1] 周燕.汽车保险与理赔实务[M].北京:机械工业出版社,2018.
[2] 费洁.汽车保险[M].北京:中国金融出版社,2009.
[3] 安明华.汽车保险与理赔[M].北京:机械工业出版社,2018.
[4] 王灵犀,王伟.机动车辆保险与理赔实务[M].北京:人民交通出版社,2004.
[5] 梁军.汽车保险与理赔[M].北京:人民交通出版社,2004.
[6] 梅丽歌.汽车保险与理赔[M].哈尔滨:哈尔滨工程大学出版社,2011.
[7] 吴定富.保险原理与实务.北京:中国财政经济出版社,2005.
[8] 白建伟.汽车碰撞分析与估损[M].北京:机械工业出版社,2010.
[9] 张晓华.汽车信贷与保险[M].北京:机械工业出版社,2008.
[10] 贾海茂.机动车辆保险[M].北京:中国金融出版社,2002.
[11] 李景芝,赵长利.汽车保险与理赔[M].2版.北京:国防工业出版社,2010.
[12] 明光星.汽车车损与定损[M].北京:中国人民大学出版社,2009.

人民交通出版社汽车类高职教材部分书目

书 号	书 名	作 者	定 价	出版时间	课件
一、全国交通运输职业教育教学指导委员会规划教材　新能源汽车运用与维修专业					
978-7-114-14405-9	新能源汽车储能装置与管理系统	钱锦武	23.00	2018.02	有
978-7-114-14402-8	新能源汽车高压安全及防护	官海兵	19.00	2018.02	有
978-7-114-14499-8	新能源汽车电子电力辅助系统	李丕毅	15.00	2018.03	有
978-7-114-14490-5	新能源汽车驱动电机与控制技术	张利、缑庆伟	28.00	2018.03	有
978-7-114-14465-3	新能源汽车维护与检测诊断	夏令伟	28.00	2018.03	有
978-7-114-14442-4	纯电动汽车结构与检修	侯涛	30.00	2018.03	有
978-7-114-14487-5	混合动力汽车结构与检修	朱学军	26.00	2018.03	有
二、高职汽车检测与维修技术专业立体化教材					
978-7-114-14826-2	汽车文化	贾东明、梅丽鸽	39.00	2018.08	有
978-7-114-14744-9	汽车维修服务实务	杨朝、李洪亮	22.00	2018.07	有
978-7-114-14808-8	汽车检测技术	李军、黄志永	29.00	2018.07	有
978-7-114-14777-7	旧机动车鉴定与评估	吴丹、吴飞	33.00	2018.07	有
978-7-114-14792-0	汽车底盘故障诊断与修复	侯红宾、缑庆伟	43.00	2018.07	有
978-7-114-13154-7	汽车保险与理赔	吴冬梅	32.00	2018.05	有
978-7-114-13155-4	汽车维护技术	蔺宏良、黄晓鹏	33.00	2018.05	有
978-7-114-14731-9	汽车电气故障诊断与修复	张光磊、周羽皓	45.00	2018.07	有
978-7-114-14765-4	汽车发动机故障诊断与修复	赵宏、刘新宇	45.00	2018.07	有
三、新能源汽车技术专业职业教育创新规划教材					
978-7-114-13806-5	新能源汽车概论	吴晓斌、刘海峰	28.00	2018.08	有
978-7-114-13778-5	新能源汽车高压安全与防护	赵金国、李治国	30.00	2018.03	有
978-7-114-13813-3	新能源汽车动力电池与驱动电机	曾鑫、刘涛	39.00	2018.05	有
978-7-114-13822-5	新能源汽车电气技术	唐勇、王亮	35.00	2017.06	有
978-7-114-13814-0	新能源汽车维护与故障诊断	包科杰、徐利强	33.00	2018.05	有
四、高职汽车检测与维修专业资源库合作建设教材					
978-7-114-13176-9	汽车维护技术	蔺宏良	20.00	2016.12	有
978-7-114-13185-1	汽车保险与理赔	吴冬梅、杜晶	20.00	2016.12	有
978-7-114-13253-7	汽车发动机故障诊断与修复	赵宏、刘新宇	35.00	2016.12	有
978-7-114-13433-3	汽车电气故障诊断与修复	官海兵、张光磊	42.00	2016.12	有
五、职业院校潍柴博世校企合作项目教材					
978-7-114-14700-5	柴油机构造与维修	李清民、栾玉俊	39.00	2018.07	
978-7-114-14682-4	商用车底盘构造与维修	王林超、刘海峰	43.00	2018.07	
978-7-114-14709-8	商用车电气系统构造与维修	王林超、王玉刚	45.00	2018.07	
978-7-114-14852-1	柴油机电控管理系统	王文山、李秀峰	22.00	2018.08	
978-7-114-14761-6	商用车营销与服务	李景芝、王桂凤	40.00	2018.08	
六、高等职业教育汽车车身维修技术专业教材					
978-7-114-14720-3	汽车板件加工与结合工艺	王选、赵昌涛	20.00	2018.07	有
978-7-114-14711-1	轿车车身构造与维修	李金文、高窦平	21.00	2018.07	有
978-7-114-14726-5	汽车修补涂装技术	王成贵、贺利涛	22.00	2018.07	有
978-7-114-14727-2	汽车修补涂装调色与抛光技术	肖林、廖辉湘	32.00	2018.07	有

咨询电话：010-85285962、85285977；咨询QQ：616507284、99735898。